ハワイ在住のビジネス牧師が語る

どうして？私の人生問題だらけ

実は簡単!
あなたの**優先順位**が
バラバラなだけ。
私も実践して
人生が変わった!

中林義朗

イーグレープ

目次

推薦のことば

中野雄一郎（ハワイ日系社会教育者、キリスト教伝道師）

中林義朗さんは、今日のハワイ、ホノルルにあって偉大な働きをする存在である。なにもＴＶやラジオに毎日出ているからではない。この本を読んでくだされればお分かりいただけると思うが、「文は人なり」の如く、こんなに多岐にわたり、明らかに人の心に響く内容を書ける人はいない。聖書に慣れ親しんできた欧米人にはよく分かる事でも、日本人の中では、聖書のことが分かる人は少ない。しかし中林さんの手に掛かると、日常茶飯事のように、その取り扱うお話が生き生きと伝わってくる。それと共に、聖書の語句が心に染みてくるから不思議である。今、世界では、争いや災害など、危険が絶えない。人は妬み、嘘に親しみ、私欲に凝り固まっている。故に人はその一方で、愛と真実と友情を渇望している。ビジネスと共に人が集まる所に、リーダーが必要とされるのは当たり前である。中林さんは人生半ばで大

推薦のことば

成功を収め、波乱の人生を経験し、美しい奥様の涙の祈りでクリスチャンになる決心をした。彼こそ、ハワイ在住のビジネスマンではあるが、その語る所が、日本人の心を打つことに無縁ではないのである。

本文にあるように、中林さんは、ハノ‐ナカ社の社長（水素豊富アルカリ水整水器の販売では、ハワイと日本で急成長中）を務めつつ、IJCC（ホノルルの国際日系人キリスト教会）で、主任牧師の冬木牧師と共に働いている。また、八人の子どもと孫一人を持つ、父であり祖父であるだけではなく、家庭で子どもたち全員にホームスクーリングを行う学長でもある。また、ハワイ系米国人の美しい奥様の夫として、国際結婚の立派な家庭を営んでいる。さらには、八十歳を過ぎた父君を日本から呼び寄せ、共に暮らして親孝行をしておられる。驚くのは、それらを百パーセント実行しておられることである。親しい私は、その証人である。本文の内容に関して、解説は不必要であろう。しかし中林さんの文章においては、1) 生活の裏打ちがあり、2) 使命に生き、3) 主題がブレず、4) 働きの範囲が限定され、5) 聖

書の神への信頼が明確である。また、人間関係、ことに「友情」を大切にしている。ダビデは、親友ヨナタンの死について、「兄弟ヨナタンよ、まことの喜び、女の愛に勝る驚くべき、あなたの愛を。」（サムエル下1：26）とうたった。私ごとで恐縮だが、私は今、彼を友と呼べることをダビデの如くうたいたいと思う。そして、そんな彼の本を、満幅の自信と感謝を込めて、皆さんに推薦して止まないのである。

二〇一九年元旦

三谷康人（元鐘紡専務、元カネボウ薬品会長）

この本の原稿を読ませていただいたとき、私は驚くと同時に、このような素晴らしいビジネスマン牧師がおられるのかと嬉しくなりました。現在、日本のキリスト教界は、牧師や信徒の高齢化と若いCS生徒の減少、無牧の教会の増加等で、非常な危機感を感じています。牧師やビジネスマン信徒も、宣教を思いながらも実情は受洗者よりも召天者が多く、どうすべきか悩んでいます。

私自身、退職後二十年あまりＶＩＰクラブに属し、ビジネスマン伝道を重点に夫婦で各地を伝道して廻りましたが、キリスト教界にある現実と閉塞感を強く感じてきました。しかし、中林牧師は今までの日本人の発想を超え、いかに希望を持って伝道ができるかを実践されてきたことで、一つの突破口を見せてくれました。

中林牧師は、一九六三年に静岡県で生まれ、高校を卒業後米ロサンゼルスに留学し、日系商社に入社されました。ハワイ支店長を経て、三十歳で中国支社長に就任。千人の社員を雇用するまでになり、七人の秘書を抱え何不自由のない生活をしておられましたが、ご夫人のハワイの実家から土地開発の事業を助けてほしいと頼まれて会社を辞職。ハワイに帰り事業を手伝うも、うまくいかずにお金を使い果たし、どん底の生活を経験されました。行き詰った中林牧師を変えたのが、クリスチャンであったご夫人の愛と祈りでした。そして三十六歳でクリスチャンになり、三十九歳でＪＴＪ宣教神学校（通信教育）に学び、四十二歳で牧師に就任されました。

それから、『ビジネス牧師』という新しい人生がハワイで始まります。『ビジネス牧師』として牧師給与は無給で、ビジネスの利益は献金しながら、牧会を始められました。そこには、我々日本人には発想のできない、新しい中林牧師独自の伝道の考え方と行動がありました。中でも「成功より成幸を目指そう」の考え方には、目をみはるものがあります。

そのほか、成功に導く人生の優先順位（第一は神さま、第二は配偶者、第三は子ども）、成功をもたらす八つの秘訣と方程式、三つの愛など、『ビジネス牧師』として生きてきた体験事例が、実に詳しく書かれています。私はこれを読んで、深く感銘を受けました。

中林牧師ご夫妻をこんなに祝福され用いられました、主イエス・キリストの御名をあがめます。

推薦のことば

三橋恵理哉（札幌キリスト福音館　主任牧師）

　聖書の話はイイけど、現実の生活はそうはいかないと思っている方に読んでいただきたい本です。学校では、学べない、教えられないものがあります。日常の暮らしです。本書は、何がビジネスで、何が信仰かという定義の話をしている本ではありません。普段人が働きながら生きていく、当たり前の状況のなかで本当に大切なことは何かを示します。

　どっちが大事、どっちを取るの。まるではじめから二者択一が突きつけられている様な世界に私たちは、置かれています。神を取るのか、ビジネスを取るのか。ビジネスと聖書信仰が対立するかのように思われがちです。信仰を持つ者の究極の生き方は、出家や修道院生活の様なイメージがどこかにあるかもしれません。本書はそのようなイメージ、生き方を払拭します。

「聖書のことばをいくら勉強して三十年経ったとしても、それを生きていなかったら何の意味もありません」と著者は言います。聖書が「まず第一に求めなさい」

と教えられていることを、本気で求めて生きてきた、ひとりの人のナマの証言です。そこから見えてきたものがありました。自分の姿、夫婦のあり方、家族、仕事に対する姿勢。そして何が大切なのか。

神を中心に生きるってことは、優先順位があるってこと。

シンプルです。

著者の中林義朗氏と私は二十年以上に及ぶ関わりがありますが、この本の伝えたいことは理想の話ではなく、本当のことです。

冬木友博（インターナショナルジャパニーズクリスチャンチャーチ　主任牧師）

今回、私たちの教会のビジネス牧師である中林義朗牧師が、二冊の本を同時に出版されることになりました。そして、その本の推薦文を書かせていただくことになりました。中林義朗牧師がまだ牧師になる前のことですが、初めて私たちのＩＪＣ

Cに来られた時のことをよく覚えています。当時私たちの教会は、ホノルルのダウンタウン近くにある倉庫街の一角で、まさしく倉庫を借りて礼拝をしていました。確か初めて来られたのは、水曜日の午前の祈り会の時でした。

ここが本当に教会なのだろうかと、疑う思いがあったに違いありません。教会の入り口には玄関もなく、幅広いコンクリート土間の通路の奥にテーブルと椅子が置いてあり、少人数で何かをしているというような雰囲気でしたから。そんな薄暗い通路を、パリッとしたジャケットにネクタイ姿の男性が一人入って来たのです。まるで、何かの営業で訪問してきたかのようでした。その時は、教会がどこにあるのか確認するために来られたのでした。その次は日曜日に、きれいなハワイアンの奥様と長男トミーと長女のモニカと生まれたばかりに思えるシャンテの三人の子どもと一緒に家族全員で来られました。私たちにとっては、嬉しい感謝すべき新来会者でした。

あれから、二十年近くが経ちました。当時の主任牧師であった三橋恵理哉牧師は、

私たちの母教会である札幌キリスト福音館の主任牧師として帰国されました。そして、中林牧師は、今ではＩＪＣＣのビジネス牧師として、全く新しい今までにない牧師として、ハワイと日本でビジネスを立ち上げながら、宣教の働きをされています。彼らがハワイに戻って来てからのこの二十年間のことを振り返りご紹介するなら、到底紙面が足りません。しかし、今回の本に書かれていることはすべて真実であり、彼が体験した主の訓練と祝福（現在子ども八人と孫一人）のすべては、嘘偽りのない真実であることを、私は証言します。本書では書き表せなかった苦労や証があることも、私はこの目で見てきました

　今、私たちは、ハワイのホノルルにあるインターナショナルジャパニーズクリスチャンチャーチで、チーム牧会をしています。それぞれに与えられた賜物が違いますが、それを認め合いながら、主の栄光を現せたらと願います。今回出版された本を通して、一人でも多くのビジネスマンが信仰に導かれることを心から願い、推薦のことばとさせていただきます。

IJCC 35 周年記念

冬木牧師夫妻

三橋牧師夫妻と

中野牧師と病院訪問

プロローグ

『どうして？　私の人生、問題だらけ』実は簡単！　あなたの優先順位がバラバラなだけ。

問題のない、問題の少ない人生とは、どのような人生でしょうか？「あちらを見ても、こちらを見ても問題だらけ。私はその中でも一番問題が多いかもしれない。又はあの人に比べたら私の問題はまだまだ軽傷かも」。そんな声がたくさん聞こえてきそうです。

私が今住んでいるハワイは、世界有数のパラダイスです。世界中から、常夏のパラダイスであるハワイへ、続々と人々が訪れます。特にお盆とお正月の季節には、航空券もホテルもフルプライスでありながらも九十五パーセント以上の占有率を誇ります。最近では、一年中八十パーセントを超える占有率だとも聞かされています。

「ハワイに住めたらどれだけ幸せだろうか？　毎日夢のような生活ができるのでは？　ハワイに住んだら問題は半減して、家族も争わずに幸せに暮らせるのでは？」と思いたい気持ちはよく理解できますし、私も以前は、同じように考えていました。現在、私がビジネス牧師として、自社のビジネス以上に一番時間を費やしているのは、問題を抱えていらっしゃるハワイ在住の方へのカウンセリングです。ハワイは生活をするには物価も高く、仕事も見つけづらく、ハワイでの生活は、決して心の中までパラダイスという訳にはいきません。

そこでこの本がお届けいたします内容は、数々のカウンセリングから気付かされた、優先順位がバラバラであることによる問題点です。優先順位の乱れが、人生の問題の数に比例すると言っても過言ではありません。問題を一つ一つ解決する努力をするよりも、人生の優先順位を立て直していく方が、どれだけ効果的で、恒久的であるか。是非、本を読まれて試していただきたいと思います。私もこの優先順位通りに人生を立て直して、バランスの取れた成幸を手にすることが出来ました。

ここまで導いて下さいましたマウントオリーブミニストリーズの中野雄一郎牧師、札幌キリスト福音館の三橋恵理哉主任牧師、International Japanese Christian Church の冬木友博主任牧師に、心より感謝を申し上げます。

第一章　後悔しない人生の優先順位

成幸をもたらす話

私は、十八歳で関東学院六浦高等学校を卒業したときに、アメリカに留学する機会が与えられ、アメリカへ渡りました。それからずっと、日本に帰国することなく、海外のいろいろな会社で働いてきました。十八歳まで日本にいましたから、頭も心も日本人です。みなさんと全く同じ日本人ですが、日本の良いところも足りないところも、長年海外から見てきました。今年で五十六歳になります。

人生における優先順位の乱れが、人生の問題の数に比例します。そして、成功とは、バランスが取れていなければ成功ではありません。お金だけいくらあっても成功者とは言えないし、どんなに有名になったとしても成功者とは言えないのです。夫婦の関係が良くて、子どもとの関係も良くて、自分の身体もちゃんと管理ができていて、そしてお金もあって、地位もあって、世のため人のため、神さまのために働くことができて、初めて成功者と言うのではないでしょうか。でも、この世の中の教えというのはどうでしょうか。ちょっとずれているような感じがしませんか。勝ち組や負け組、そんな言葉があるのは日本だけです。私も以前は、勝ち組を目指すしかないと思っていました。「お金を儲けて成功しろ、人を足蹴にしてでものし上がれ」、そんなふうにしか教わってきませんでした。ところが一方では、「これっていつになったら満足できるのだろうか?」と思っていました。一体、いくらお金があったら、人間というのは満足できるのでしょう。そのうち、自家用ジェット機を持たないと満足できなくなり、それを持ったらきっと、今度は宇宙に行かないと満足できないようになるでしょう。そして、もう今は本当に宇宙に行ける時代になりました。このように、人間の欲望にはキリがないのです。また、就職をして仕事をする時も、「どこが時給がいいかな? どこが日曜日休ませてくれるかな?」とか言って、選んではいないでしょうか。そして、「ところでこの会社ってどんな仕事なんだろうか？　ところで私はどんな仕事をここでするんだろうか？」というのが、後になっているのではないでしょうか。だから結局、お金のために嫌な仕事をしているが、日曜日が休めるために入った職場だから、大嫌いで死ぬほど辞めたいけれども辞められない、そんな現状ではないでしょうか。

「六・五パーセント」という数字があります。六・五パーセントとは、何の数字だと思いますか。総務省の発表によりますと、実はこの日本において、十年以上存続する会社は、たったの六・五パーセントなのだそうです。ということは、九十パーセント以上の会社が、この日本においては潰れてしまう、倒産してしまうということです。つまり、それくらいビジネスを続けていくということは、とても大変なことなのです。実はハワイに行きますと、これは二年です。二年でビジネスがどんどん入れ替わっていきます。日本人が行きたい所ナンバーワンは、やはりハワイではないかと思いますが、ハワイでは、「あれ？　この前ここにあった店、どこに行っちゃったんだろう？」と思うことがよくあります。レストランなども、しょっちゅう看板が変わります。それくらい、ハワイでビジネスをすることは、とても難しいです。新しい会社がどんどん日本から進出してきますけれども、日本で成功したからと言って、ハワイで成功するという保証は何もありません。だいたい島国ですから、物価が高いしすべての資材は輸入です。そして人々の賃金も高いのです。そしてそれだけではありません。日本人のように言われたことをピシピシとできる人々とは違い、ハワイの多くの人々は、全然言うことを聞きません。そんなギャップも抱えながらのハワイでのビジネスは、とても大変なことなのです。その中において、私は今十年目になりました。会社を作って十年です。ハワイでは、もう誰が儲かっているかなんていう話はしません。誰が生き残っているかです。それくらいビジネスが難しい場所にあって、十年も私が続けることができたのは、やはり教会と出会ったおかげです。そして、中野雄一郎牧師が国際部学長を務められたＪＴＪ（Jesus to Japan）宣教神学校に入学し、今までの全てを整理して、生き方を全部変えよう！と決意したおかげです。

もし天地の創造主なる神さま、聖書の神さまというものが本当にいるとするならば、そして、天と地を造られた神さまによって命が与えられて、私たち一人ひとりが生まれてきたのが本当ならば、神さまは、聖書の中でどのようにビジネスをしなさいとおっしゃっているのでしょうか。また、どのように生きなさいとおっしゃっているのでしょうか。そんな話をしてみたいと思います。成幸をもたらす話です。この「成幸」という字も、Success の成功ではありません。幸せ Happiness の成幸です。幸せになるための秘訣です。

ビジネス牧師は卵の役割

私たちは何を求めるのでしょうか。成功でしょうか、それとも成幸でしょうか。同じ「せいこう」なのですが、字が違います。Success の成功を求めるのか、Happiness の幸せを求めるのか。みなさんはどちらを求めて生きていますか。成功を求めると、成功は自分から逃げて行きます。しかし、幸せを求めはじめた時、成功も追いかけてきます。

「ビジネス牧師」という肩書きを、私は二〇一〇年に、International Japanese Christian Church からいただきました。それは、ＪＴＪ宣教神学校（牧師になるための学校）を卒業してから、数年後のことでした。通信教育生だったので、ハワイに居ながらにして学び、卒業式の時だけは日本へ行きました。そのＪＴＪ宣教神学校の国際部学長でいらっしゃる中野雄一郎牧師にコーチングをしていただき、また、札幌キリスト福音館の三橋恵理哉主任牧師とInternational Japanese Christian Churchの冬木友博主任牧師にも手取り足取り教えていただいて、「ビジネスと聖書」というテーマに継続して取り組んで来ました。ビジネスの話と神さまの話とは、水と油のようなものかもしれません。本当にそうだと思います。

水と油を混ぜると混ざりますか、それとも混ざりませんか。混ざらずに分離してしまいますよね。どっちが上になりますか。油が上ですね。これは常識です。しかし、

IJCC 教会員

この水と油を混ぜることができるものがあります。何だと思いますか。ある時、子どもたちと実験をしました。私は八人の子どもたちを神さまから与えられました。八人の子どもたちに、「今から水と油を混ぜてみたいと思う。キッチンに行って何でもいいからこれに混ざるものを持って来て」と言うと、醤油を持って来るは、わさびを持って来るは、ジャムを持って来るは、いろんな物を持ってき来ましたが、何を入れても混ざりません。でも卵を入れるとうまく混ざりました。そして、マヨネーズになりました。ですから私が今やっている仕事というのは、ビジネスと聖書とを混ぜ合わせるために必要な、卵の役割をしているのだなと思います。どうしたら、水と油の関係のようなビジネスと信仰が一緒になるかをテーマにして、ＪＴＪ宣教神学校国際部学長の中野牧師には、毎週のように一緒に祈ってもらいながら指導を受けました。そして、このテーマについて、ただ話しているだけではなく日々実践しています。「ビジネス牧師」として、実践をしなければ意味がないからです。

ぜひみなさんにも、この卵の役割をしていただきたいと思います。聖書には、どのようにビジネスをしたらいいのか、どう人生を考えて生きていったらいいのかということが、びっしり書かれています。人間関係から、お金の扱いから、そして考え方から。「私はビジネスなんかやっていないし、もう引退しているし」と思われる方がいらっしゃるかもしれませんが、ご安心ください。仕事をしている人だけが、ビジネスマンではありません。生きていくということそのものが、大事業なのです。そういう意味では、

三橋牧師、冬木牧師と

みなさん一人ひとりは、自分の人生に対するビジネスマンです。自分の命と神さまから預った人生を、どうマネージメントして生きていくのかが大事業なのです。みなさんにその責任があります。だから、自殺なんか絶対にしてはいけないのです。命を預かったのですから。預かったということは、神さまが、私たち一人ひとりに使命を与えてくださったということです。この地上で、世のため人のために、あなたにやってほしいことがあるというのです。そのためにみんな違うタレントを、神さまから与えられたのです。そう考えたら、考え方が変わってくるでしょう。周りの人と比べなくていいのです。どうして比べるのですか。「良かったね！自分のタレントが分かって、それを生かせて！」と言ってあげたらいいのです。うらやむ場合ではないです。それより、「私のタレントは何なんだろう？」というところに心を向けなくてはなりません。仕事においても人生においても、これから残された人生をどう生きて行ったらよいのか、ぜひこの本を参考にしていただけたら幸いです。

百パーセントで生きる

私は今、自分の会社を持っていて、百パーセントの力で会社の社長をしています。そして百パーセントの力で、八人の子どもたちのお父さんをしています。また、百パーセントの力でホームスクーリングもしていて、その学長もしています。それから、国際結婚の旦那さんも百パーセントの力でしています。牧師としても百パーセントで働いています。ですから、これらすべてが全部百パーセントということになります。

私には八人の子どもたちが与えられました。一人の女性を八人の子どもたちが与えられるまで愛し続けて、今も引き続き愛し続けているというのは奇跡的な話です。しかし、実は私はバツイチです。もしイエスさまと出会っていなかったら、今頃、四回目の結婚になっていたと思います。うちの奥さんが言います。「そんな四回な

んて。その前に、あなたはお酒の飲み過ぎで今頃死んでいるから」と。本当にそうかもしれません。イエスさまに出会って、人生が本当に変わりました。

うちの子どもたちは今学校に行っていません。家で教育をしています。何が違うか分かりますか。人間は猿から進化して生まれてきたのではなくて、人間として生まれてきたんですよという、聖書をベースにした教育を家で行っているのです。私も教えていて、算数と体育、社会奉仕が私の担当です。ちゃんと教えていますよ、さざんがく（三×三＝九）も。子どもたちに算数を教えるのは私の責任なので、英語で話をしているのに、「さざんがく、さんしじゅーに（三×四＝十二）」と日本語で言ってしまうのです。面白いでしょう。みんな笑っちゃいます。でも、九九は絶対生涯役に立つから、覚えるようにと教えています。あとはうちの奥さんが教えていますが、聖書をベースに、「あなたは愛されるために生まれてきたんだ。あなたは価値のある人間なんだ」ということを、特に力を入れて教えています。

例えば教会での奉仕でも、後ろで音響照明を担当する人がいると同時に、前でマイクを持って賛美をする人もいます。歌を歌う人、メッセージを担当する牧師など、みんな役割が違います。そのように、八人子どもがいますと、タイプが真っ二つに分かれます。表に出てマイクを持って歌を歌ったりすることができる子と、全くそういうことが大嫌いで、後ろで音響照明を操作するほうがいいという子の二手に分かれるのです。この世の考え方では、前に出てマイクを持つ人やスポットライトを受ける人の方が、どうしても有名になりますよね。でも、私は子どもたちにこう言います。「いいか、前に出た人が決して偉いわけじゃないんだよ。あのマイクを後ろでセットしてスイッチが入らなかったら歌にならないんだよ。だからあなたが後ろでやっていることも、彼女が前でやっていることも、どっちが上というのはないんだよ。これは神さまに与えられたタレントが違うんだよ」と。また、こうも言っています。「自分探しのためにすぐに大学に行かなくてもいいんだよ。ホームスクーリングで勉強して、一緒に仕事をして、将来もっと自分が勉強したいことが見つかったら、それから勉強したらいい。その時が来たら、大学でも専門学校でも行って、どんどんそれを伸ばしたらいい」と言います。

こういう話を毎日徹底的に教えるのが、ホームスクーリングです。本来教育とは、そうあるべきだと思いませんか。日本でも、今はホームスクーリングが許されています。アメリカでは、何百万人という子どもたちがホームスクーリングで勉強していますが、合法的です。毎年一回学力テストに合格さえしていれば、地元の学校は何も言ってきません。地元の各学校の校長先生から、「今年もホームスクーリングでお宅の子どもたちは学んだということを、確かに受理しました」と手紙が来るだけです。学力テストの報告結果を出していないと、虐待があるのではないかと思って政府が出てきますが、それ以外は何も学校からは言ってきません。アメリカは、すべて子どもの教育を親に任せるという、そんなことが許された本当に自由な国です。ホームスクーリングの目的は、子どもたちのタレントを発見し、それを伸ばしてあげることです。八人の子どもたちは、みんな違うタレントを神さまから与えられて生まれてきたはずだからです。

どうして音楽家の家庭に生まれた子どもは、音楽家にならなければならないのでしょうか。どうしてスポーツの世界の両親の子どもに生まれたら、自分もスポーツ選手にならなければならないのでしょうか。誰がそんなことを決めたのでしょうか。自分のタレントではないと分かっているのに、親に言われて嫌々練習をしてきたとか、親の見栄のために小さい頃から親の希望する路線に乗せられてきたとか、そんな人々も多いと思います。でも、神さまはそれを喜ばれるのでしょうか。一人ひとりには違うタレントがあるのです。

これが八人の子どもたちと、私の愛する妻です。この妻に出会ったことによって、

私はクリスチャンになったと言っても過言ではありません。彼女がずっと、私のために祈っていてくれていました。私の子どもは、一番上が二十五歳です。最近孫ができまして、私もおじいちゃんになりました。今は家族で教会で奉仕をし、家族で仕事をしながら共に生きていくという、そのような生活をしています。昔、よく日本では、「チャンネルを変えなさい」と言われました。「あなたは切り替えが遅いんだ」とか、「切り替えなさい！いつまでそんなに引きずっているのですか」とか、言われたことはありませんか。このように切り替えて生

家族写真

きる生き方を、私たちは習ってきたのではないのでしょうか。昔は、牧師の時間、社長の時間、ホームスクーリングの時間と、チャンネルを変えていました。しかし、この切り替えが上手にできないということに、私は気付きました。切り替えようとするから苦しい。人間には、切り替えることはとても難しいのです。そこで行き着いたのが、「分かった！　全部百パーセントで生きよう！」ということでした。だから私は、常に百パーセントで考え、一秒一秒、その時の優先順位によって行動をしています。

教会の真ん前に、うちのオフィスがありショールームがあります。その横のビルがうちのアパートなので、私はそこに住んでいます。どこでも一分で行ける距離に住んでいるのです。わざとそういう生活をしています。ですから仕事をしていても、教会にお客さんが来たらぱっと会いに行けます。そして教会にいても、家で子どもが怪我したり、命に関わることが起こった場合、すぐに家に戻れるのです。私は、

自ら選んでそういう生き方をしています。そうすると、仕事をしていても、家から電話がかかってきたら、その電話に出る勇気が与えられました。そして、何が一番今大事なことか、その優先順位を瞬時に判断するようになりました。仕事をしているときに、家で子どもが滑って転んで怪我をしたとします。みなさんだったらどうしますか。仕事を置いて普通は行けないですよね。でもあえてそれをしに行くのです。「ちょっと待った！　すぐ戻って来るから！」と家に行き、それを片付けてまた戻って来るのです。親父として、当然子どもを病院に連れて行かなければならないからです。

でも、昔は、仕事の時に家からの電話がかかってくると、どんなに大事な要件でも、「何でこんな大事な時に電話して来るんだ！」と思ったものです。以前働いていた会社で、ある日ボスにこう言われました。「親の葬式にも行ってはいけない。それくらい仕事が大事だ」と。しかし、「いやあ、そんなものなのかな仕事って」と、私は疑問に思いました。仕事って、そんなに冷たく情もないものなのでしょうか。そこまでして何をするのでしょうか。「そこまでしてお金儲けをして、どこまで行くのこれ？」と、いつも思っていました。当然その頃は二十代でしたから、「そうですか、分かりました」と、言われたことには「分かりました」と言っていましたが、心の奥底では、「それちょっとおかしいよね」と思っていました。みなさんも仕事をしていて、あるいは職場で言われることについて、「おかしいよね」と思うことがありませんか。今私がやっていることは、その「おかしいよね」を全部取り除くことです。お客様が何を一番求めているのかを中心に、会社を作っていくのです。自分の利益とか自分の都合とか、それは後の話です。いや、いらないかもしれないくらいです。

私は、お客様が一番喜ぶ方法で、お客様が一番求めていることにどう応えたらよいかということを考えて、社員に動いてもらっています。ですから、すべて百パーセント全力投球で、会社の経営をしています。少し乱暴な言い方をしてきたかもし

れませんが、私は心の在り方についてお話をしているのです。日本にいても、どこにいても、自分の心の中の優先順位についてお話をしているのです。確かに、仕事を抜け出して家に帰ることはできないかもしれません。しかし、少し抜け出して電話に出るなど、家族への関心を態度で示す努力をしていると、それを神さまが見られて、みなさんの仕事に奇跡が起きるようになります。業績も上がるし、人間関係も良くなります。今にみなさんも、様々な祝福を体験することとなるでしょう。

空っぽな心をカバーしない

私は今、ビジネスをしていますが、お金儲けのためにビジネスをしているのではありません、ビジネスを通して人と出会い、出会った人々に神さまの愛や魅力を伝えたいのです。また、その人に永遠のいのちを伝え、ぽっかり空いた胸を埋めるものがあるのだということを伝えたいのです。

私は今、時計なんかしていません。ネクタイも、昔とった何とかというやつが四十本も五十本もあるので、一生買わなくてもいいくらいです。五百円くらいのベルトをし、三千円くらいの靴を履いています。昔は三万円の靴に時計はロレックスと、とにかく高い物をつけて、空っぽな心をごまかしていました。アメリカでは、タトゥー（刺青）を入れる人たちがたくさんいます。ハワイにも、きんきんぎらぎらにネックレスをしたりして、じゃりじゃり歩いている人たちがたくさんいます。そのような人々のほとんどは、自分の心が空っぽだから、それを隠すためにタトゥーを入れたり、じゃりじゃりさせて、自分がすごく価値がある人間に見せようとしているのではないでしょうか。タトゥーが悪いのではなく、じゃりじゃりが悪いのでもありませんが、それで自分の空っぽな心をカバーしていることが良くないということを学びました。

イエスさまが心の中に入ってくださった今は、これ以上の安心はないというくらい安心です。誤解しないでください。優先順位通りに生き始めて、神さまの幸せの法則を理解できてくると、心に安心と平安が訪れます。ですから私は、時計やじゃりじゃりで、空っぽな心をカバーしなくてもいいのです。しかし、バランスの取れた成幸を手にすることができた時、神さまに栄光を帰するために高品質の時計や靴や洋服やアクセサリーを身に着けることは、決して問題ではありません。

人と出会うためにビジネスをする

多くの方に良いサービスをして満足していただいていると、お客さんの方から近づいて来てくださいます。「実はちょっと会って話を聞いてほしい。あなたが牧師だと聞きました。うちの息子のことで、娘のことで、分からんちんの旦那のことで。私の将来のことで、ちょっと時間を作っていただきたい」と言って、今では何人も教会に人が来るようになりました。お客さんです。

私は今、ハワイで電解還元水整水器販売の会社を経営しています。その会社の日本での代表を、私が中国で社長をしていた時に工場長だった今井さんにやってもらっています。今井さんは、とても信頼できる仕事のパートナーです。私が今井さんに協力してもらいながら、ハワイと日本でなぜビジネスをしているかと言うと、それは「人と出会うため」の一言に尽きます。電解還元水整水器は、人に出会うための最高の商

札幌にて。井上さん、今井さんと。

品であり、神さまに与えられたビジネスの手段にすぎません。

「水漏れや、問題はありませんか？ たくさん飲まれていますか？ 何か質問はありませんか？」とお客様に連絡をいたしますと、「いつも気にかけてくれてありがとうございます」と感謝されます。そして、これをずっと続けていくと、黙っていてもお客様から私たちに聞いてきます。「なんであなたたちはそんなに良いサービスをするのですか？」と。つい、この間も、還元水の機械と他の商品も使ってくださっている千葉にお住まいのお客様から、「ちょっと商品がよく分からないから来て教えてくれない？」と言われました。分かりました！と即答して、代表の今井さんと一緒に千葉のお客さんの所に二回行きました。今井さんはというと、もう四回も会いに行っています。このお客さんはクリスチャンではありませんが、こちらが良いサービスをすることによって、どんどん心を開いてくださいます。商品がなかったら、四回も会いに行けないと思いませんか。「何でこんなにしょっちゅう会いに来るんですか？ もう神さまの話は聞きたくない！」となることでしょう。なので、私は神さまの「か」の字も言っていません。「どのように使っているんですか？ あぁ、そうですか！ そうですか！」、「また来ますね。質問があったらまた言ってくださいね」などと言って、三十分いて帰って来るだけです。

お客様が一番求めているものを売る

成功を願うビジネスマンの多くは、自分が成功するために自分を助けてくれる神さまはどこの神さまか、どこの神社か、どこのお寺さんか、どこの占い師か、または誰かと考えたり、どの人を足蹴にして自分が成功したらいいかを考えてたりしているかもしれません。しかし、私は全く反対です。ビジネスをすることによって、人と出会えることを喜んでいます。たまたま今扱っているのが、水という商品であるにすぎません。水ビジネス業界は、この十年は追い風です。この十年は水の時代

です。でも、「十年後は変わるかもしれないよ」と子どもたちに話しています。

私の子どもたちは、みんなホームスクーリングで教育を受けていますし、これからも一緒に仕事や教会の奉仕をして、一緒に神さまのために働こう！と徹底的に話していますから、彼らはよく分かっています。商品は変わるかもしれないけれど、この会社が存続する目的は変わりません。それは伝道です。神さまのことを伝えることです。商品は時代と共に変わるし、十年後、私が生きているかどうかは分かりません。でも、「私が生きていなかったとしても、この会社は続けていきなさいよ」と子どもたちに言っています。そして、「その時、お客様が一番求めている商品を扱いなさいよ、またはサービスを扱いなさいよ、それが本当のビジネスなのだから」と教えています。

人々に元気を与えるメッセージを語る

簡単に私の自己紹介をさせていただきます。私は静岡県の御殿場市という所で生まれて、富士山の真下で富士山を見ながら育ちました。十歳で母を亡くして、横浜の叔母の家に預けられました。叔母の家で関東学院六浦に通い中学高校時代を過ごしていたのですが、その後、アメリカのロサンゼルスに留学をさせてもらいました。親父の事業が、その時はすごくうまくいっていましたので。それには本当に、心から感謝しています。これが十八歳の時で、今私は五十六歳です。三十七年間、日本に帰ることはありませんでした。日本に遊びに来ることはありましたが、日本に帰って日本の会社で働くということはありませんでした。海外の日系企業では、渡辺さんや今井さんと一緒に働きました。それからハワイの支店長をしたり、またロサンゼルスに戻ったりしました。

一九九三年くらいでしょうか、中国が世界に対してこの国を開放しますよと宣言

し、中国にマクドナルド第一号店ができた頃、我々は中国に進出しました。ものすごい勢いで商売がうまくいき、五年くらい中国で仕事をしました。うまくいったと言っても、雇われ社長ですから限界があります。自分の会社ではありませんから。でも多くのことを学ぶことができて、渡辺さんや今井さんやその他の永遠の友ができたことについては、本当に心から感謝しています。三十五歳の時にハワイに戻って来て、三十六歳でクリスチャンになり、三十九歳の時にＪＴＪ宣教神学校での学びを始め、四十二歳で卒業して牧師になる道が開かれて行きました。どうして牧師になろうかと思ったかというと、大きな理由が二つあります。

大きな理由の一つは、二〇〇一年の9・11のニューヨークの同時多発テロがきっかけとなり、「牧師になり、メッセージを語りたい」という思いを与えられたからです。ニューヨークの貿易センタービルに、飛行機が突っ込んだ事件がありましたよね。あの時のことを、みなさんは覚えていますか。ツインタワーに飛行機が突っ込んだのを、今でもカラー映像で覚えているのではないでしょうか。テレビのニュースで見たとき、何が起きたかと思いませんでしたか。世界中がそこでストップしました。想像もできない事件だったのではないでしょうか。あの事件を見て、多くの人が「長生きし過ぎた」と言ったそうです。「見てはいけないものを見てしまった」と。本当にそのとおりですね。私はそれを見て、ああ、これからは世の中は大きく変わるなと思いました。もうとんでもない世界に、テロの時代に入っていくのだなと感じました。それから、テロの事件が相次ぎ今に至りますが、これからはもっと多くなっていくでしょう。そういう新しい時代に入ったことを実感しました。

あのテロ事件の三日後に、各界の指導者や、歴代米国大統領が集まり、ワシントンの教会で祈祷会が開かれました。そしてそこで、キリスト教界を代表して、ビリー・グラハム牧師が挨拶をされました。ビリー・グラハム牧師は、二〇一八年に九十九歳で亡くなられたキリスト教の伝道者です。この悲しみの中でどのようなメッセージがなされるのか、世界中が注目する中、ビリー・グラハム牧師は以下のようなメッセージをされました。「新しいテロという敵が現れました。確かにこの惨事で、何千人もの人が亡くなりました。そしてみなさんも悲しみの中にいることでしょう。聖書の中に、この世には悪がはびこっていると書いてあるとおり、何千人もの方が一瞬にして亡くなったのです。しかしその方々のほとんどは、もう天国に行かれています。そしてその天国は、光輝いた世界で、とても美しい場所です。天国に行った彼らは、二度とこの地上に戻りたいとは思わないでしょう。」と。まさにその言わんとすることは、こういうことでしょう。『私たちのことはもう心配しなくていいから。もう私たちはイエスさまと共に天国にいるんだから。痛みも涙もない所に来たわけだから。それよりも残されたあなたたちのことが心配だ。私のことは心配しなくていいから、元気を取り戻して、この地上で天に来る時まで頑張って生きてほしい。そして、また天国で再会しましょう。』

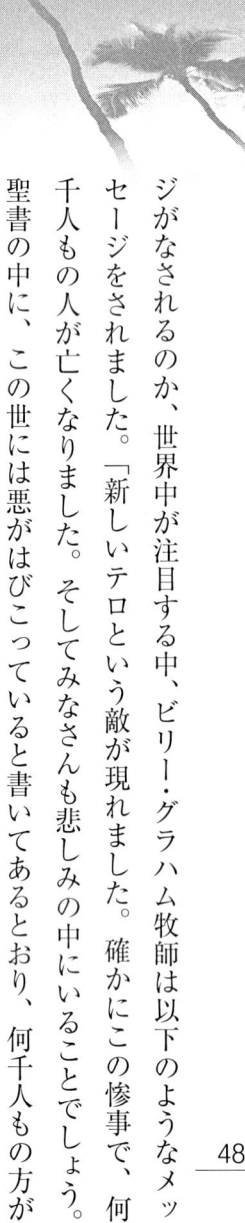

何と素晴らしいメッセージでしょうか。これ以上の慰めのメッセージがあるでしょうか。すごいことを言ってくれるなあと私は思いました。私は深く感動し、私もこのようなメッセージを人々に伝える仕事がしたいと思いました。そして、一瞬にして一秒で決めました。「すべてを失ってもいいから、この仕事をしたい！」と。それが、私が牧師になろうと思った理由の一つです。

人生のどん底の時にも意味がある

私が牧師になったもう一つの理由についてもお話しします。一つの忘れられないストーリーがあって、私は牧師になろうという決意を固めたのです。私の人生を変えた、決定的な出来事でした。9・11の後のビリー・グラハム牧師の言葉に加えて、これからご紹介するカジノのオーナーの奥様の言葉が私の心を揺さぶりました。そして、この二つの言葉を聞いたことによって、私の人生は大きく変わりました。

私が神学校の学びをしている頃、ハワイのある有名なレストランで働く機会がありました。そこは、カハラホテルというハワイで一番有名なホテルの中にある、ハワイで一番高級な日本食レストランでした。そのTOKYOTOKYOというレストランに、私は八年お世話になりました。昼間は勉強して、夜に短時間で高収入が得られるサーバーの仕事をするウェイターになったのです。普通の人が八時間で稼ぐお金を、夜の四時間で稼ぐことができるのが、アメリカのレストランのウェイターの仕事です。日本と違って、アメリカという国はチップ社会です。サービスが良ければ、その分チップをたくさんくれるわけです。時給というのは大したことないのですが、チップで稼ぐのです。ウェイターからスタートして、最後はマネージャーになったのですが、百回辞めたいと思いました。でも、なかなか神さまが辞めさせてくれません。「ちょうど良い時に神さまがあなたを高くする」という聖書の言葉がありますが、その言葉にしがみついて、神さまに「いつ辞めさせてくれるんですか」と問いかけていました。今になって考えてみると、私が大変な試練を通ったのには、理由がありました。すべてを益としてくださる神さまから、「まだ辞めちゃいけない」と言われているようでした。単に有名人を見ただけではなくて、自分が実際にウェイターとしてお出しし、注文を取って会話をして、良いサービスをすることによってチップをもらうような生活を、八年間続けました。そして最終的には、マネージャーになりました。

このホテルは、ソニーオープンというプロのゴルフトーナメントが行われる有名なゴルフ場の隣にあるホテルですから、当然世界中のゴルファーが来ました。また、世界中の有名人や金持ちもやって来ました。エルトン・ジョン、ジョニー・デップから、もう世界中の女性が憧れるというジョージ・クルーニー、フリオ・イグレシアス、ジェシカ・アルバまで。フリオ・イグレシアスが挨拶代わりに私に言った第一声は、「How many girlfriends do you have?／あなたは彼女を何人持っているんですか？」でした。日本の有名人では、北島三郎さん、西田敏行さん、孫正義社長、石川遼プロゴルファー、B'zの稲葉さん、松嶋菜々子さんなどなど。天皇陛下は前を通って手を振ってくださったくらいですが、こういう有名な方々がぞろぞろいらっしゃいました。ガラスの教会を造ったロバート・シューラー牧師もよく来られて、度々祈ってくださいました。アメリカンエキスプレスのブラックカードをお持ちの方も、ぞろぞろいらっしゃいました。「この人たちを見なさい。良いところも、そうでないところも全部見なさい」と神さまが言われているのを感じました。神さまは、これらの人々の姿を私に見せたくて、その仕事をさせてくれたのだと私は信じています。そして今振り返ってみても、牧師を目指して勉強をしていた時期に、このレストランで働かせてもらっていて、本当に良かったと思うのです。

世界的な金持ちは本当に幸せか

ある日、ラスベガスのカジノのオーナー夫妻から予約が入りました。神さまは、何人もいるウェイターの中で、私をそのテーブルのウェイターに選び、遣わしてくださいました。男だったら、一日、いや半日でも、ラスベガスのカジノのオーナーになってみたいと思いませんか。歩いているだけでお金がちゃりんちゃりんと入ってくるのです。彼らがどんな会話をしているのか、気になりませんか。

そして、老夫婦がそのレストランに来られ、座られました。私がメニューをお出しすると、カジノのオーナーは、「もうメニューは見なくていいから一番美味しいものを出しなさい」とおっしゃるではありませんか。次にワインのリストをお出しすると、「見なくていいから一番高いワインを出しなさい」と言われたのです。その時店にあった中では、千五百ドル（約十五万円）のワインが一番高いワインでした。それで、もっと高いワインを置いておけばよかったと思いました。お二人が豪華な美味しい食事をされた後に、旦那さんが外にタバコを吸いに行きました。私が

片付けに行ったときのことです。奥様が私の手首を握ったので、「やばい！　何か問題があったのかな」と一瞬考え、「はい」と返事をしました。すると、その奥様が、私の手首をつかんだまま、こう言ったのです。「私は、毎日こういう美味しいレストランで食事をして、毎日世界の高級ホテルに泊まって、毎日贅沢をしていますが、私はもう本当に疲れました。だから一日も早く、あの人に死んでほしいのです」と。

その時、私はその言葉を聞いて、凍り付いてしまいました。そして、なんてことを言ってくれるんだと思いました。「世界中の男性が半日でもやってみたいと思う職業に就いていて、あなたはお金に苦労することもなく毎日贅沢に暮らせて、何の文句があるのですか」とその奥様に言いたかったです。これだけお金があって、贅沢な暮らしができて、奥さんは最高に幸せだと、男だったら皆思うのではないでしょうか。なのに、こんなことを人生の最後に、八十歳になる前で、奥さんに言われるなんて。そんなことのために、私たちは仕事をしているのでしょうか。「今まで何をしていたんだ、男は何のために働いていていたんだ。」三秒が二時間くらいに感じられるほど、いろいろな思いが私の頭の中を駆けめぐりました。そして次の瞬間、「この人のこの言葉を聞くために、このレストランで八年働くように神さまは導いて下さったのだ。私が七十歳になった時に、妻にこのようなことを言われないように」と思いました。また、こうも思いました。「これはもう駄目だ、絶対牧師になって、この話を男たちに伝えなきゃだめだ」と。

それからというもの、正しい人生の優先順位を実践し、それを日本の男たちや日本の家族に伝えること、これが私の生涯の使命になりました。そして、「彼らが聞いても聞かなくてもわたしのことばを語りなさい」という聖書のエゼキエル書のことばを握って、私は三十五年ぶりに日本の地に上陸しました。ただ、親戚や友達に会うためだけでなく、目的と使命を持って上陸したのです。ぜひ、皆さんにも、この働きのためにお手伝いいただきたいと思います。この話を男たちに伝えるために、男たちを集めてほしいのです。私はどこに行っても、行く先々で必ず、この話を男たちに伝えます。

旦那が退職した瞬間に離婚を申し渡されるという話は、よく聞く話です。アメリカでは土葬です。土葬は横に並べるのではなく上に重ねるのです。後にいったほうがその上に乗っかるので、ある奥さんは、「あの人の上だけには乗りたくない、私はいくらかかってもいいから他に埋めてくれ」と言ったりします。「永遠にあの人と一緒にいると思うとぞっとする」と言うのです。思った以上に多くの奥さんたちが、そう思っているかもしれません。口には絶対に出さないけれど、あなたの奥さんが八十歳になる時、七十歳か六十歳になる時、あるいはあなたが引退した後、「一緒にいることは考えられません」と奥さんに言われるような生き方を、あなたはしてはいませんか。

聖書が教える人生の優先順位を守る

　ではどうしたら、そう言われない生き方ができるのでしょうか。実は、聖書が教える優先順位どおりに生きることができたら、そういう結末にはなりません。私が今、牧師として一番多く費やしている時間はカウンセリングです。「うちの家庭が今ひっくり返っていてどうにもならないんですけど、ちょっと話を聞いてくれませんか」という相談に乗るカウンセリングです。私は、このような家庭に関するカウンセリングをしていて、聖書が教える人生の優先順位というものに行き着きました。今家庭の中で問題があるとしたら、この優先順位のどこかがおかしいのです。だいたい家庭の中にごちゃごちゃと問題があればあるほど、この優先順位はめちゃくちゃだということです。

　私はクリスチャンになる前は、当然仕事が一番、趣味が二番で、それ以外は全部パイの外でした。つまり、自己中心です。職場でも、「食わしてやっているじゃな

いか、何か文句あるのか、俺が好きなことをやって何が文句ある?」という先輩しか見たことがありませんでしたが、でも何かが違うなとは感じていました。そして、やはり違いました。その生き方は、はっきり言って間違っています。「黙ってついて来い!ごちゃごちゃ言うな!食わしてやってるじゃないか!何が文句あるんだ。」こういう感じで行ったら、二番目の子どものモニカが産まれた後に、即離婚だったと思います。しかし、教会に出会った今は、聖書が教える優先

人生の優先順位　Priority Of Life

Goal		Now
1	神様GOD	
2	夫婦Spouse / 両親Parent	
3	子どもKids / 兄妹Siblings	
4	健　康　Health	
5	仕　事　Work	
6	趣　味　Hobby	

International Japanese Christian Church

チャート「人生の優先順位」

順位を守る努力をしています。私自身も完璧ではありません。でも、相当順序が整ってきました。ですから、妻と骨まで愛する関係になって、八人の子どもたちが与えられるまでになったわけです。それ以外だったらあり得ないことです。

このとおりに人生の優先順位を考えて生きたら、必ずみなさんは幸せになれます。一番から六番まで、聖書的な人生の優先順位をご紹介します。これが一番から六番まで、ぴたっとこの順番になったら、みなさんの家庭に問題はなくなります。

まず、聖書が教える人生の優先順位の一番目は神さまです。私たちは神さまによって命が与えられたのですから、これは当然です。私と妻は、毎朝六時から聖書を読み、お祈りをして一日をスタートします。「今日も一日、この子どもたちが守られますように、仕事もうまくいきますように」と。神さまの方向を見て夫婦が歩んでいる姿を、子どもたちが見て育っていくほど大切なことはありません。しかし、神さま

抜きで夫婦が喧嘩ばかりしていたら、子どもはグレます。また、私は昔、横浜駅の占い師のボックスを総なめしました。もちろん、クリスチャンになる前です。不安で不安で仕方なかったからです。中国にはインチキ占い師がたくさんいて、「この人に会うといいですよ」とか言われ、お金をいっぱい積んで会いに行ったこともありますが、結局言っていることがみんなそれぞれ違うので、わけが分からなくなってやめました。でも今はイエスさまが私のボスですから、ナンバーワン（一番目）はイエスさまです。イエスさまに従って生きていけば、占い師に会いに行く必要はありません。みなさんの価値観も、ぜひレベルを上げていただきたいと思います。

ここに聖書のことばがあります。マタイの福音書六章三十三節～三十四節、『だから、神の国とその義とをまず第一に求めなさい。そうすれば、それに加えて、これらのものはすべて与えられます。だから、あすのための心配は無用です。あすのことはあすが心配します。労苦はその日その日に、十分あります。』神さまが「明日の心配はしなくていい、わたしが心配してあげるから」と言ってくださっています。そんな神さまに命を与えられ生まれてきたということを、まず信じたいと思います。

そして、二番目は夫婦の関係、結婚されていない方は両親との関係です。やはりみなさんの奥さんが、旦那さんが、ナンバーツー（二番目）ですよ。私は十年間、徹底的にこれを訓練しました。そのために、ゴルフを十年間封印したのです。そして、奥さんが「うん、そろそろいいかも」と言ったので、先月初めてゴルフをしました。「いいかも」ということは、この優先順位どおりに随分近づいてきたということです。バランスの取れた成功というのは、このことです。もし、このどこかがずれているとしたら、それは当然、問題があるはずです。

三番目は子どもたち。結婚されていない方は兄弟との関係です。まず一番多い間違いは、子どもが一番というケースです。これは最悪です。この場合、奥さんたち

が平気で、「子どもは一番、旦那はずっと下のほう」とか言いますから。そんな奥さんたちの言い分は、「だってこの子たちは私がいなかったらご飯も食べられないんですよ」です。そう言われると、確かにそのとおりかもしれません。間違いではありません。しかしその反面、どうなるかをお話ししましょう。だいたいそういう家庭は、旦那が一番下です。「あなたは大人なんだから、自分のことは自分でやってよ！」と言ったりします。すると旦那は、いろいろな理由をつけてだんだん家に帰って来なくなります。家まで歩いて来る中で、どれだけ赤提灯や飲み屋があって、どれだけビジネスマンがそこでお酒を飲んでいるでしょうか。これが日本の姿です。「なぜ？」って、家に帰りたくないからですよ。家に帰りたかったら、そんな所には行かないですよ。何で男はバーに行くのでしょうか。ほめてくれるからですよ。「あなたハンサムねー。すごい時計してるねー」などなど。その女性が言っていることは嘘だと分かっていても、向こうはプロなので、なめるようにほめてきます。すると、いくらでもお金を使ってしまいます。会社に行けばけちょんけちょんだし、

家に帰っても誰もほめてくれないし怒られるだけ。どこに行ってほめてもらえばいいのでしょうか。そう、だからバーに行ってほめてもらうのです。これが今の日本の現状です。自分もそういう所を通って来ましたから分かるのです。ここでもう一つ問題になるのは、子どもが三番目でないと、二番目の夫婦関係に悪影響を及ぼすということです。結婚前は、優先順位の二番目は両親ですが、結婚しても親離れできない子や、子離れできない親が多いのです。いわゆるマザコンです。結婚しても母親への依頼度が高い息子は、実家で過ごす時間が多く、家になかなか帰りたがりません。聖書に「それゆえ男はその父母を離れ、妻と結び合い、ふたりは一体となるのである」とある通り、結婚をしたら夫婦が一体になり共に生活をすることが大切です。両親は、子ども夫婦と距離を保ち、必要以上に干渉しないことが肝要です。

そして、四番目が自分の健康です。ということは、自分の体を張ってまで仕事をする必要はないということです。そんなことをしたって神さまは喜びません。社長

が喜ぶだけです。でも、みなさんが病気になったら捨てられるかもしれません。病気になっても永遠に面倒を見てくれる社長なんていませんから。病気になったら、「ごめんなさいね、じゃあ、次の人。あなたはゆっくり休んでください」と、お見舞い金が一回出るくらいです。ということは、健康を犠牲にしてまで仕事をする必要がないということです。「もう子どもも育っちゃった。ローンも終わった。心配することは私の健康」という年配の方がいらっしゃるかもしれませんが、健康が一番に来てはいけません。神さまが死ぬ日を決めていますから、心配しなくても大丈夫なのです。もし死ぬ日が分かっていたらどうでしょうか。「何年何月何時何分にあなたは死にます」とか言われたら、いやですよね。知らないほうが良いと思いませんか。この地上で私たちに与えられているもののうち、何一つとして人間が造ったものはありません。すべて、神さまが造ってくださった資源を使い、それを人間の知恵で加工して商品にしているのです。そして、その知恵でさえ、与えてくださったのは神さまです。そう考えていくと、創造主なる神さまがいるかいないかという

発想には、もうなりません。創造主なる神さまがいて、当たり前なのです。その神さまが、中林という男にタレントを与え、知識を与え、身長は一七七センチと決めました。体重は自分でコントロールしないといけませんが、身長はコントロールできません。聖書には、どんなに頑張っても、みなさんの人生を一日たりとも延ばすことはできないと書いてあります。ということは、神さまの計画の中で、死ぬ日は決まっているのです。「いつ死ぬんだろう。一日でも長生きしたい」と努力している人がいたら、すぐにやめましょう。年配の方もやめましょう。それよりもやらなければならないことがあります。世のため人のため神さまのために役立つ、私のタレントは何なんだろうかと、教会を通して見極め、教会を通して磨いてもらうのです。そして初めて、それが人生です。

五番目は仕事です。これがナンバーワンという方が多いのではないでしょうか。仕事がナンバーワンであることが、素晴らしく美しくほめられることであり、自分

も満足ができることだと錯覚して、生活してはいないでしょうか。私もその錯覚に、長年はまっていました。しかし、そういう生き方は何かが違うと思いませんか。確かに何かが違うのです。実は、仕事は人生の五番目です。

なぜ、仕事をしていて苦しいと思うのですか。仕事を選ぶ時に、皆さんは何を基準にして選びますか。求人広告を見て、「どの仕事が日曜日休めるかな？どの仕事が一番具合がいいかな？どの仕事が一番条件がいいかな？」とまず考え、その後で、「ところでこの会社は何をしている会社？私の仕事はどんな仕事になるの？」と確認するのが、後に来てはいませんか。それは苦しいでしょう。自分のタレントではないことをやるのですから。そして、家のローンを払うために、一生涯働き続けなければならないのです。ローンのことを、英語で「Mortgage モルゲージ」と言います。Mort モルトとは、「心を滅ぼす」という意味があるそうです。一生涯をかけて、心を滅ぼすために私たちは生きているのでしょうか。しかも、一生懸命買った豪邸を、天国には持って帰れないのです。置いていかなければなりません。私たちは裸で生まれ、裸で天に帰って行かなければならないのです。そうすると、この限られた貴重な人生を、私たちは何のために生きているのでしょうか。私は小さい頃から、いつもそう考えていました。でも先輩やいろいろな成功者を見て、何かが違うなと思いながらも、「はい！ 分かりました！」と返事をして、生きるために仕事をしてきました。

それから、やっと六番が趣味です。誰ですか、趣味が一番なんて言っている人は。アメリカ人には、「私は趣味が一番」と言う男がいっぱいいます。そのために私は仕事しているんだという男が。「私の趣味はボート、私の趣味はゴルフ、私の趣味はサーフィン。そのために私は仕事をしている」と堂々と言います。そりゃあ、その家庭は問題だらけですよ。結局、その歪みが家庭に来るだけでなく、自分の体にも来ますし、経済的にもダメージを受けます。

家庭円満になる正しい優先順位

男の人が夕方の六時に家に電話をすると、普通は怒られますよね。普通の奥さんだったら、「なんでこんな忙しいときに電話してくるわけ？ 早く帰って来て手伝ってよ！ ガチャン！」と切られてしまうかもしれません。そうすると旦那も面白くないから、「ちょっと赤提灯でも寄って行こうかな、ああそうだ、友達がカラオケに行きたいって言ってたな」となるわけです。ところがうちの奥さんは偉くて、私が電話をすると「Hi! Honey! I love you!」と答えます。八人も子どもがいると家の中はめちゃくちゃですが、うちの奥さんは電話を切りません。そして、それだけではありません。子どもたちに、「はい！ 静かにしなさい。今私の人生のナンバーツーから電話がかかっているから、静かにしなさい」と言い放ちます。すると、ぴたっ、と静かになります。ぴたっ、しーんとなるのです。そしてうちの奥さんが、「どうしたの、ハニー。何かあったの？ ん？ 何時に帰って来るの？ 待ってるよ。早く帰って来てね！ I love you!」と言います。そうすると私も、赤提灯に寄っている暇がありません。急いで帰らなければならならないのです。

この一言を彼女が言うことによって、二つの良いことがあります。一つは、子どもたちが、自分たちはこの家ではナンバーワンでもナンバーツーでもなく、ナンバースリーだということが分かるということです。これはとても大事なことです。子育てで一番大事なのは、「あなたはこの家では神さまではない」ということを、教えなければならないことです。電車に乗ろうがデパートに行こうが、どこに行っても ギャーギャー泣いている子どもがいます。「なんとかちゃん、なんとかちゃん、どうしたの？ 何を買ってほしいの？ どうしてほしいの？」と言って機嫌を取っても泣き止みません。誰が悪いのでしょうか。親が悪いのです。モンスターを作ってしまったのです。

そしてもう一つの良いことは、奥さんが自分をナンバーツーの地位に置いてくれているということが、旦那に分かるということなのです。「何でナンバーワンじゃないんだ」とくってかかったことがありますが、ナンバーワンは神さまだからです。でもとにかく、自分の立場は子どもよりも上だということが分かります。電話で、「はい、静かにしなさい。今ナンバーツーから電話がかかってきているからね」と言われ、「ん？ どうしたの？ じゃあ早く帰って来てね。じゃーねー」と優しく電話を切られたら、男たちは家に早く帰りたいと思いませんか。でも、「何やってんのよ」とか言われてしまうと、いろいろな理由を使って飲みに行ってしまいます。私も三十代の頃は、悪友のような友人達とよく一緒に過ごしていました。うちの奥さんは、本当にすごいです。中国のナイトクラブで、私が悪友らと一緒に座っていた時、私の周りに女性がわんさかいる中で、ずかずかと入って来たことがありました。周りの女性がみんな、「キャー！」と言うくらいでした。日本人の女性だったら、きっと入って来られないと思います。しかし妻は、アメリカ人の女性だから根性が座っ

ています。それに彼女は第一が神さまで、神さま以上に恐れるものはないですから、ずかずか入って来て私の胸ぐらを掴むと、「帰るよ！」と言いました。その時はもう、女性がみんな引きました。本当に、それくらいやらないと駄目です。男は怒られなければいいと思うから、これくらい大丈夫かなと思ううちに、だんだんエスカレートしてしまうのです。

もう日本では、不倫が当たり前のようですね。女性までもが不倫をするような時代になってしまいました。でも、幸せな家庭を築きたいと思ったら、神さまが一番、配偶者が二番、子どもが三番。この優先順位を守らなければなりません。

本当に魅力的な人とは

魅力的な人とは、どのような人でしょうか。結論から言うと、聖書が教える優先順位の一番を一番として生きている人が、本当に魅力的な人だと私は思います。日本には、神さまがたくさんいます。「あの人はあの世界の神さま」と言われている人がたくさんいませんか。「あの人はこの業界の神さまだ」とか、「あの人を右において他にはいない」とか言われている人が、日本ではどの業界にもいますよね。その人たちは、人間であるのに神さまになってしまっているのです。周りの人たちもその人を崇拝していますが、おかしいと思いませんか。それは、絶対におかしいですよ。社長や会長やその道の神さまに仕えて、私は人生で三人に騙されました。「この人だったら裏切られることはないだろう」と、この道の神さまと言われるボスに従った結果、三回失敗したのです。そしてイエスさまに出会いました。私にとって、今はイエスさまがボスです。ビジネスをするにも、何をするにも、聖書が土台です。ここに行き着いたから、最近では、ものすごく生きることが楽になりました。そして、バランスの取れた幸せを手にすることができるようになりました。

私たちをいつも見ておられる唯一の神さまは、良いことも悪いことも心の中で考えていることも、全部見てお見通しです。そういう神さまがいることを信じ、本当の自分に立ち返った時に、人は初めて謙遜になれます。そして、自分を造り導いてくださっている方を恐れあがめて、感謝しつつその前に頭をたれる姿を見せることは、子どもにとって一番ためになる教育です。「俺について来い。ごちゃごちゃ言うな。俺は分かっているんだ。俺の言うことさえ聞いていれば絶対にうまくいくから」と子どもたちに言っても、ついてくると思いますか。私の八人の子どもたちはまだ若いですが、そのうち上の四人の子どもたちは、皆うちの社員です。うちの会社から給料をもらって働いています。その子どもたちが、「俺について来い」と言う父親に、黙ってついて来ると思いますか。絶対に無理ですよ。日本にいろいろな会社がありますが、子どもが親から継いだ会社で、うまくいっているところを見たことがありますか。また、親子の関係がうまくいっているところを、見たことがありますでしょうか。普通会社は、三代続かないと言われているでしょう。一代目が一生懸命働いて作って、二代目がお金を使い果たして、三代目で倒産すると言われるでしょう。なぜなら、お金を作ったことのない人たちに、お金の作り方を理解させることはなかなかできないからです。

「『感謝します、感謝します』と、一日千八百回感謝をして生きましょう」と言われた方がいらっしゃいます。Yチャペルの O 牧師です。すると、午前中九百回、午後九百回ということになりますね。ちょっと待ってください。どうやって九百回言うのでしょう。毎秒、「感謝、感謝、感謝」と言い続けなければ、九百回まではいきません。しかし、O 牧師はこう言われました。「一日千八百回感謝して生きていると、何か変なことが起きた時に、何で俺の人生にこんなことが起きるんだろうとは言わない」と。すごいと思いませんか。いつも感謝して生きていると、「何で俺の人生にこんなことばかり起きるんだろうとは言わない」と言われたのです。

だから私も努力しています。「感謝」が言えないような状態のときこそ言うのです。「感謝、感謝、感謝。命が与えられて感謝、家庭が与えられて感謝、奥さんがまだ逃げないでいてくれて感謝。今日から俺は変わるぞ！」と。どんな時も、感謝を言える者でありたいと思います。

子どもからすごいと言われる生き方

ではなぜ、うちの子どもたちは、私と一緒に働きたい、私と一緒に教会で奉仕したいと思っているのでしょうか。それは私が、聖書が教える優先順位を実践しているからです。子どもたちを見て話をしているのではなくて、神さまを見て感謝をしているからです。今日も生かされ、お客様が与えられ、一台売れたことを感謝してひざまずいている私たちの姿を、子どもたちが毎日見ているからです。夫婦で毎朝聖書を読んで共に祈っている姿も、朝六時から子どもたちは見ています。ベッドルー

ムで私たちが手を握って祈り合っている姿を、背後から見て、「私もああいう夫婦になりたい」と思ってくれています。

今、なぜ少子化が進んでいるのでしょうか。国がお金を払って、子どもをつくってくださいと言うのは違うでしょう。本当に子どもを増やしたいのであれば、子どもたちに結婚をしたいと思わせなければならないでしょう。両親が喧嘩ばかりして、旦那が浮気ばかりし、奥さんも浮気をしているような家庭を見て、子どもたちが結婚したいと思うわけがないではありませんか。ま

長男のために祈る友人達

た私は、徹底的に仕事をしながら、「何かが違うな、何かが違うな、これは成功とは言わないよ」と思いました。いくらお金があったって、バランスが取れていなければ成功とは言えません。なぜ、彼女が何人もいることを誇るのが成功だと思われるようになってしまったのでしょう。いつからそんな世の中になってしまったのでしょうか。今から三千年前、イスラエルにソロモン王という王がいました。国に繁栄をもたらした王ではありましたが、彼には七百名の王妃と三百名の側室がいました。千人斬りの由来です。そんなのかっこよくも何ともないですよね。私も一時はそんな感じでしたが、これは絶対におかしいです。それよりも、一人の女性を愛し続けることがどれだけ魅力的か。自分が変わらなかったら、いくら相手を変えても一緒です。名君と言われたソロモン王も、最後は多くの女性に惑わされて堕落してしまったのです。天地を創造し私たちを生かしてくださっている偉大な神さまに、私たちが、恐れひれ伏して、悪から離れていく姿。このような姿を見せることが、一番の子どもの教育になるのではないでしょうか。これ以上の教育はありません。

私はそこに行き着きました。

成功より成幸を目指そう

みなさんは、アップルの製品を持っていますか。iPhone、iPad、iシリーズなどを持っている人は、世界中の九十パーセントくらいいるのではないでしょうか。世界の九十パーセントの人が商品を持つ会社を作った人は、世界的な大成功者で、世界一金持ちになった人に違いありません。その方が、スティーブ・ジョブズさんです。この方は最近亡くなったのですが、亡くなる一週間前に、ベッドの上である言葉を残されたと言われています。その「スティーブ・ジョブズの最後の言葉」を、ご紹介してみたいと思います。

「私は、ビジネスの世界で、成功の頂点に君臨した。他の人の目には、私の人生は、成功の典型的な縮図に見えるだろう。しかし、仕事をのぞくと、喜びが少ない人生だった。病気でベッドに寝ていると、人生が走馬灯のように思い出される。私がずっとプライドを持っていたことである有名になることや富は、迫る死を目の前にして色あせ、何も意味をなさなくなっている。生命維持装置のグリーンのライトが点滅するのを見つめていると、機械的な音が聞こえてくる。神の息を感じる。死がだんだんと近づいている。今やっと分かったことがある。人生とは、富に関係のない他のことを追い求めたほうが良い。終わりを知らない富の追求

長男の結婚式

は、人を歪ませてしまう。私のようにね。神は、誰もの心の中に、愛を感じさせるための感覚というものを与えてくださった。あなたの家族のために、愛情を大切にしてください。あなたのパートナーのために。あなたの友人のために。」

世界一の金持ちで世界一成功したと言われる人が、最後に残したと言われている言葉です。この方は最後、クリスチャンになったと言われています。お金は私たちが天国に持っていくことはできません。そこに彼は、最終的に行き着いたのです。そして思いました。「俺は人生で何をやっていたんだろう」と。何かをここから学んでいただきたいと思います。そして、成功の頂点よりハッピーな成幸の頂点を、ともに目指そうではありませんか。

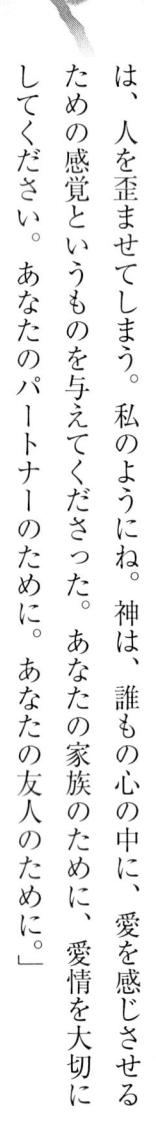

第二章　愛を伝える五つの方法

心が世界一貧しい国

ある本と出会って、私の人生はますます変わりました。それは、ゲーリー・チャップマンという方が書いた「愛を伝える5つの方法」、英語では「5 Love Languages」という本です。この本を読んで、私は人生が変わりました。人間というのは、自分にしてほしいことを人にしてしまうのだそうです。

その前にこの話をしましょう。マザー・テレサが一九八一年に日本に来られたのを覚えていますか。会いに行かれた方はいませんか。この方が、短い期間で日本のいろいろな所や企業を回って、いろいろな人と話をして、最後に空港でインタビューを受けました。そのインタビューを受けた時に、彼女が何と言ったか分かりますか。

もう衝撃的です。マザー・テレサはこう言われました。「世界で一番貧乏な国はインドです。そしてこの日本は、世界の中でもトップクラスの裕福になった国の一つです。ところが私は、この日本でいろいろな所に行って、いろいろな人と話をして、とても残念なことがあります。こんなに裕福な国なのに、こんなに心が貧しい国を私は見たことがありません。」そう言われたそうです。

みなさん、「こんなに心が貧しい国はない」だなんて、なぜそんなことを言われたのか、知りたいでしょう。なぜ、日本人は心が貧しいと言われたのか。私は、なぜだろうと徹底的に考えました。すると、マザー・テレサがシェアしたと言われる話の中に、こういうエピソードを見つけました。日本でいろいろな企業をまわり、「私たちは、世界の食料がない貧しい人たちを助けていますから、ぜひみなさんも応援をしてほしい。献金をしてほしい」という話をマザー・テレサがされたところ、ある企業からこう言われたそうです。「いくらでも出します。言ってください。その代わりにうちの企業のために何をしてくれるんですか」と。それを聞いてマザー・テレサは、「一円もいりません。あなたの会社からは一円もいりません」と言われたそうです。日本が心が世界一貧しい国だと言われてしまったのには、やはり理由があったのです。

三種類の愛

聖書には三つの愛があると書いてあります。一つはエロスの愛、自己中心の愛です。自分をどうやったら満足させることができるかと考え、自分を世界の中心と考える、Me, me, me! の愛です。エロ本とかエロビデオというのは、実はここから来たのです。エロスの愛は自己中心で、「てめー」のことしか考えていません。

二つ目の愛は、フィリアの愛です。これは行って来いの愛、お互い様の愛です。

「これだけしたのだから、これだけしてくれ、これだけするから、どれだけしてくれますか」と。日本はお土産社会ですから、このことに関しては、日本人は最高レベルのプロです。このフィリアの愛に関しては、日本人は丁寧で世界一でしょう。

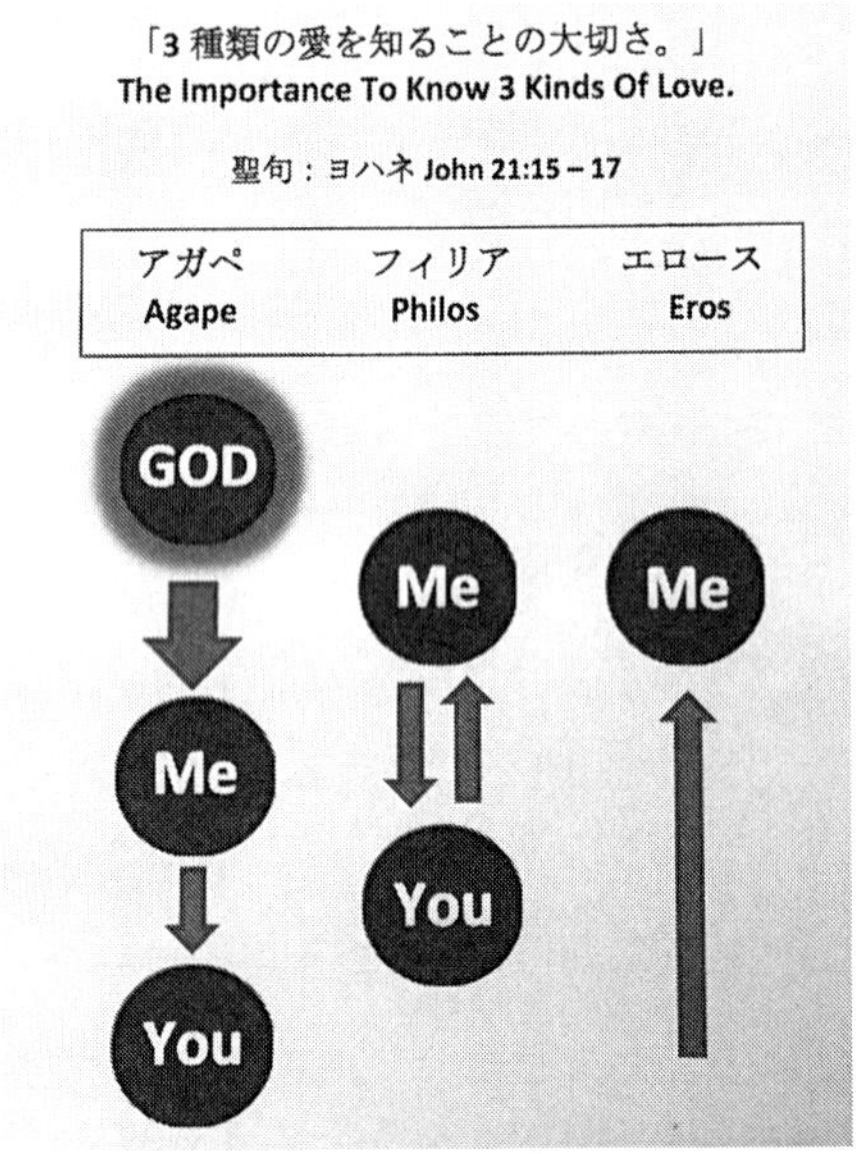

三種類の愛

ところが、聖書をベースにした世界の国々では、ここで終わりではないのです。聖書を理解した国で成功している人たちというのは、この三つ目の愛であるアガペの愛を理解しています。あっかんべえではないですよ、アガペの愛です。これは、一方的な無条件の愛で、神さまが私たちを愛してくださったから、その愛で私たちも隣人を愛するという愛です。神さまが私、中林義朗という男に命を与え、五十六年間健康を守り、タレントを与えてくださり、あなたにやってほしいことがあると期待してくださるので、私も同じように、他の人にそのように接することができるようになりました。一方通行の愛、無条件の愛とも言いましょうか。一番似ているのが、お母さんの子どもに対する愛です。でもそんなお母さんでさえ、自分の子どもをマンションの上から落としてしまうという事件もありました。だからやはり、人間の愛には限界があるのです。しかし、アガペの愛は本当の愛であり、人間の愛をはるかに超えた神さまの愛なのです。神さまが私たちにこの会社を作らせ、この商品と出会わせ、このサービスと出会わせてくださいました。そして、この社員の方々が与えられて、今日の会社の成功があるのです。このことを本当に信じるのであれば、マザー・テレサが来て、「私たちの働きのために献金してください」と言われた時に、「はい、喜んで！一億円です。神さまがいらっしゃったから私の今日があるんです！マザー・テレサさんが、ここまで来てそんなにおっしゃってくださるのなら、惜しみなくお捧げします。私たちの名前は一切出さなくていいです。このお金を自由に使ってください！」と言うことでしょう。これが、世界で成功している企業の考え方です。根本的に考え方が違うのです。

では、日本の会社にはお金がないのでしょうか。いいえ、日本の会社は、世界一お金を留保しています。社員の給料が払えないと困るからです。これを取っておかないと、会社の将来が不安だからです。確かに神さまを知らなかったら、きっとそうなることでしょう。でも神さまを知っている会社だったら、そんなことはしないでしょう。留保なんかしている場合ではありません。お金には働いてもらわないといけないのです。どんどん働いて稼ぎ、どんどんお金を回すから、また上から与えられるのです。そして、与えられたからまた与えるのです。そしたらまた与えられ、どんどん大きくなっていきます。これが、全知全能なる神さまを理解した人間の生き方です。私たちに命が与えられたのは、自分が成功することばかりを考えて、自己中心に生きるためではありません。

「これだけしてくれたから、これだけするね」というのは、人間的には聞こえがいいかもしれませんが、それでは神さまが入るところがありません。神さまがいて、今日の私があるのです。海外に行って、「あなたは日曜日に何しているんですか？」と聞かれた時、「教会に行き始めました」と言うと、「いいことしているね！　素晴らしいことしているね！　あなたの家族のためにも、そしてあなたのためにも、それは必ず役に立つことだ。素晴らしい！」とほめられました。意味が分かりませんでした。「何でほめられるんだろう？　どんな国なのだ、ここは！」と思いました。

アメリカの大統領の就任式では、聖書の上に手を置き、「全身全霊を持って国のために働きます」と宣言します。聖書の上に手を置いて宣誓式をするというのは、

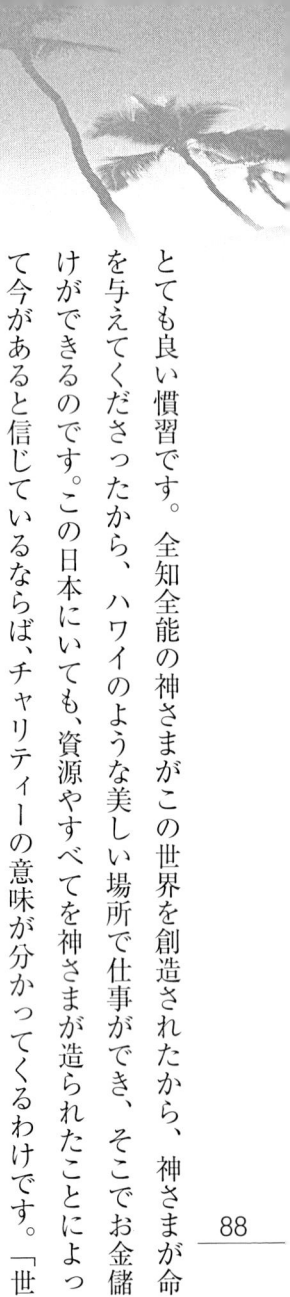

とても良い慣習です。全知全能の神さまがこの世界を創造されたから、神さまが命を与えてくださったから、ハワイのような美しい場所で仕事ができ、そこでお金儲けができるのです。この日本にいても、資源やすべてを神さまが造られたことによって今があると信じているならば、チャリティーの意味が分かってくるわけです。「世のため、人のため、神さまのために私は何ができるのだろうか」と。そこから、一切の見返りを期待しない愛が生まれます。

私たちは、神さまによって命を与えられて生まれて来ました。神さまにタレントを与えられて生まれてきたのですから、「人に与える力があるのなら与えなさい」と聖書は教えています。そして、その人たちから一切見返りを期待してはいけません。「わたしがあなたを祝福する」と神さまは言われます。これが神さまを信じる人生の醍醐味です。人を助けた時、その人から見返りを期待しなくても、神さまは間違いなく他の人を使って私を祝福してくださいます。私は、みなさんから何かを期待しているわけでも、みなさんに水の機械を買ってもらいたいわけでもありません。でも、それが価値があるものだと思ったら、自分のために買ってください。自分の健康のために使ってください。でも私は、神さまが違う方法で豊かな実りをくださると信じています。これが、神さまの体験なのです。欧米諸国の人たちは、この考え方をよく理解しています。だから、マザー・テレサは「いくらでも献金させてください！　一切見返りは期待しません！」と、日本人に言ってほしかったのでしょう。マザー・テレサはこんな言葉を残しました。

我が社のショールーム

思考に気をつけなさい、それはいつか言葉になるから。
言葉に気をつけなさい、それはいつか行動になるから。
行動に気をつけなさい、それはいつか習慣になるから。
習慣に気をつけなさい、それはいつか性格になるから。
性格に気をつけなさい、それはいつか運命になるから。

素晴らしい言葉です。

どういう時に愛を感じるか

「愛を伝える5つの方法」という本の話の本題に入っていきたいと思います。人間というのは、自分にしてほしいことを人にしてしまうそうです。この本の中で教えていることですが、愛というのは、相手がその愛を感じなかったら愛ではなく、ただの自己満足なのだということです。しかし、今からご紹介するこの愛を伝える五つの方法を使う時には、人々は愛を感じるそうです。夫婦の間の関係、子どもとの関係、または上司、部下、同僚、学校の友達との関係、その他誰に対しても、これは本当に役に立ちます。まず、この五つの中で二つ、自分が特に愛を感じると思うところをチェックしてみてください。これはぜひ、家族全員でぜひやっていただきたいです。私たち人間は、この五つのうちの二つで、だいたい愛を感じるそうです。

私は、八人の子どもたちがどこに愛を感じるかよく分かっています。奥さんがどこに愛を感じるかをよく分かっています。自分がどこに愛を感じるかもよく分かっています。

一つ目は、肯定的な言葉「Words of affirmation」と英語で言いますが、ほめられる時に愛を感じます。男性は、圧倒的にこれが多いです。なぜ、男性はバーに行くのでしょうか。家に帰ってもほめてくれる人がいないからです。嘘だと分かっていても、暗闇の中でも、「ハンサムだね、いい時計しているわね、このネクタイどこのネクタイ？」とほめて欲しいのです。嘘だと分かっていてもです。

「愛を伝える５つの方法」

二つ目は、サービス行為「Act of service」です。助けてくれる時に愛を感じます。ゴミを捨ててくれたり、掃除をしてくれたり、買い物に行ってくれるなど。女性は、これが特に多いと思います。

三つ目は、プレゼントやギフトをもらう時に愛を感じます。「gift」です。こういう人も多いですね。花一輪でも、手紙一通でも、ダイヤモンドを買えるならばダイヤモンドでもいいのです。そんなに高価な物ではなくても、何かをもらう時に愛を感じます。

四つ目は、質の良い有効な時間を過ごす「quality time」です。一緒に映画を見るとか、公園を手をつないで歩くとか、ベンチに座って夕陽を見るとか、家でテレビを見るとかでもいいのですが、二人で質の良い有効な時間を過ごす時に愛を感じます。

五つ目は、身体的なタッチ「physical touch」です。触れられる時に、いやらしい触れ方ではなく、ちょっと肩をふれられたり手を握られたりすることに愛を感じます。

どうでしょうか。だいたい自分がどういう時に愛を感じるかが分かりましたでしょうか。では今度は、みなさんの奥さんや旦那さんや子どもや、仲の良い友達や同僚が、どのように愛を感じるかが分かりますか。一つ面白い表現をしましょう。だいたい夫婦というのは、全く反対の性格だからひかれ合うわけです。魅力を感じるわけですね。

私たち夫婦も全く逆です。私は、一番が肯定的な言葉で、ほめられる時に愛を感じます。二番目はサービス行為です。奥さんが洗濯をしてくれて、下着とシャツとワイシャツがいつもぴしっとしていることに愛を感じます。うちの奥さんは全く反対で、身体的なスキンシップです。触れられることによって愛を感じます。アメリカ人だからと思われるかもしれませんが、実は国籍も性別も関係ないと思います。とにかく彼女はそこに愛を感じます。そして、質の良い余暇を過ごす時に、彼女は愛を感じます。

相手の喜んでいる姿を見て喜ぶ

私たちが結婚して生活を始めた時の話なのですが、私が運転していると、奥さんが横からこちょこちょ触ってくるのです。「ちょっと危ないから、運転しているんだからやめなさいよ！」と、私は思わず言ってしまいました。私は身体的なタッチが一番最後で、触れられても愛を感じないタイプです。ジャパニーズビジネスマンですから。でも、彼女はこちょこちょと触ってくるのです。彼女は私にそれをしてほしいのです。車の中で肩に手をかけるとか、ひざの上に手を置くとか、手を握るとかをしてほしいから、彼女は一生懸命私に触れてくるわけです。ところが、私が触れないから、彼女の言葉がどんどん強くなります。私は優しい言葉で言われるときに愛を感じるのです。それなのに、彼女の言葉が強くなってきます。私は触れません。そして、だんだん関係が冷めてくるのです。そして喧嘩になります。だから、三年目の浮気くらいの話になってしまうわけです。だって、相手が愛を感じる方法で愛していないのだから。これに気づいてから、私たちは努力をするようになりました。

今は毎朝、仕事に行く前に必ず奥さんにハグをする努力をしています。でも努力していくと、だんだん慣れてきます。相手が喜んでいる姿を見て、それが自分の喜びになってくるのです。もう一度言います。相手が喜んでいる姿を見て、それが自分の喜びになっていくのです。そして、ハグをしてキスをして、「今日も行ってくるね」と言います。すると彼女も、「ありがとうね。一生懸命働いてくれて。家族のために一生懸命頑張ってくれて。早く帰って来てね」と言うのです。そうすると、お互いに嬉しいではないですか。私もほめられるし、彼女も触れられるからです。

ぜひこれは、夫婦の間や、子どもたちの間でも試していただきたいです。この五つを一つひとつ試してみるのです。そうすると、どこに愛を感じているのかが分かってきますから。私たちの心の中には、ラブタンクというものがあります。ラブタンクが空のまま走り続けると、エンジンにオイルが入っていない車を運転し続けるのと一緒だと、この本に書いてあります。ということは、いつかエンジンが焼けてしまうのです。ですから、夫婦の関係、親子の関係、職場の関係においても、ラブタンクが空になった状態で走り続けることはとても危険なのです。しかし、これが常にフルになったら、心が満たされ関係が良くなっていきます。

私は毎日、仕事を十時から四時まで、六時間だけします。あとは子どもたちと時間を過ごし、当然教会の仕事もします。社員にもエイジェントにも、四時になったら家に帰って、旦那さんや奥さんとエンジョイしてください、旦那さんや奥さんを大切にしてくださいと言います。これは、一緒に働く人の条件です。仕事は四時で終わっていいから、家に帰ってこのチャートとおりに努力しましょう！　と言います。すごいと思いませんか。「そんなの無理だよ、日本では」と言ったら、もう終わりです。時間の問題だけではなくて、心の話を私はしているのです。みなさんは、一日何回奥さんに電話をしますか。「するわけないじゃん。仕事中に、そんなことできるわけないじゃん」と言われるかもしれません。確かにそんなことできるわけないでしょうね。でもトイレに行って電話をしたり、または仕事中にメールやテキストを送ることならできるでしょう。「愛してるよ。じゃぁね！」と。それだけでもいいのです。

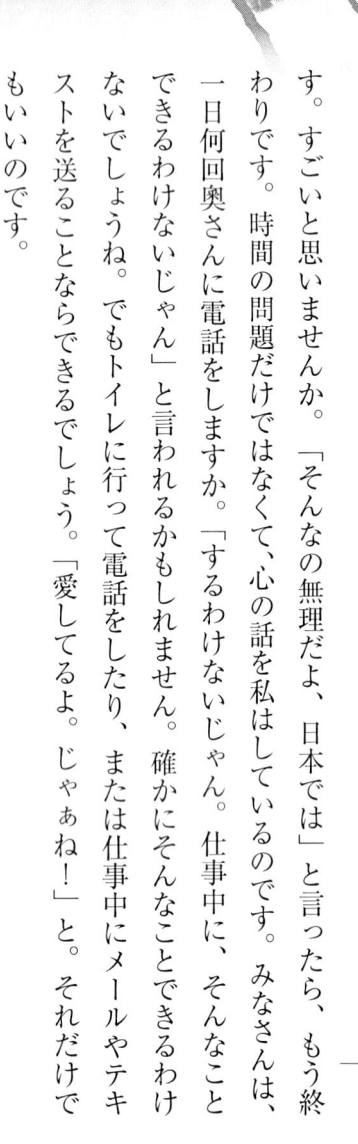

ラブタンクを満たすには

進藤龍也牧師という、昔ヤクザだった方がいらっしゃいます。その進藤牧師は今、牧師として、神学校の先生として、素晴らしい働きをしています。ヤクザの人々を救いに導くことは、私にはできません。でも、進藤牧師だからできるのです。進藤牧師の話を聞いていて、なるほどなあと感動した話がありました。

進藤牧師が幼少の頃、両親が離婚をして、お母さんが夜の仕事に行っていたそうです。自分を食べさせるために行っていることは、子どもとして分かっています。だから、「分かってるよ、お母ちゃん、僕を食わせるために働かなきゃいけないんでしょ」と言って、お母さんを仕事に送り出していたそうです。そしてお母さんも、ちゃんとご飯を用意して仕事に行くのですが、そのご飯が豪華であればあるほど虚しくなったのだそうです。そして、進藤牧師が、何と言われたか分かりますか。「もし、お母さんが仕事に行かずに僕と毎日食事をしてくれていたら、自分はヤクザにならなかった。」真髄ですよ、これは。世の中の犯罪に手を染める人たちの、ほとんどの理由はこれです。ラブタンクが空なのです。誰も愛してくれない。Who cares? 誰も自分のことを気にかけてくれない。自分が悪いことをしようが何をしようが、誰にも関係ない。それで、これを埋めるために一生懸命いろんなことをするのです。

しかし、なかなかこれが埋まらないのです。

結論はこういうことです。私たちに命を与えてくれた創造主なる神さまの愛を信じること以外に、この胸の中の空っぽになったラブタンクを埋めることはできません。この胸のタンクのひびが入ったところを埋めることは、創造主なる神さまを受け入れる以外に不可能なのだというところに、私は行き着きました。付き合う女性をいくら変えても一緒です。お金をいくら儲けても埋まりませ

娘五人と母

ん。一生懸命良いことをして人にほめられても、ここは埋まらないのです。ぜひこの本を読んで、このラブタンクの意味を、そして私たちが生かされている意味を、勉強していただきたいと思います。

あなたのためにずっと祈っていたのよ

実は私はバツイチでして、十歳の時に母を亡くしたからか、母性本能をくすぐられるところがあるのでしょうか、女性を見ると、お母さんのような、お姉さんのような、奥さんのような、友達のような、よく分からない関係になってしまうのでした。一回目の結婚では、十四歳年上の女性と結婚しました。そして、母を亡くしたことで失ったもののすべてを埋めてもらおうと思いました。世の中で非行に走る人というのは、胸の中にあるラブタンクというものが空っぽだから、それを埋めてほしいと願いつつも、親からは埋めてもらえないという経験をしています。学校に

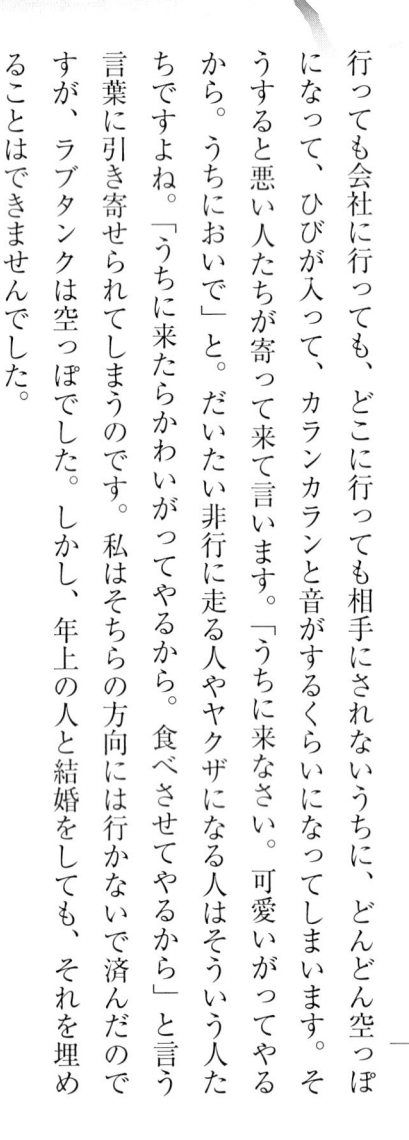

行っても会社に行っても、どこに行っても相手にされないうちに、どんどん空っぽになって、ひびが入って、カランカランと音がするくらいになってしまいます。そうすると悪い人たちが寄って来て言います。「うちに来なさい。可愛いがってやるから。うちにおいで」と。だいたい非行に走る人やヤクザになる人はそういう人たちですよね。「うちに来たらかわいがってやるから。食べさせてやるから」と言う言葉に引き寄せられてしまうのです。私はそちらの方向には行かないで済んだのですが、ラブタンクは空っぽでした。しかし、年上の人と結婚をしても、それを埋めることはできませんでした。

そんな中で、うちの奥さんに出会いました。そして、今では八人の子どもたちプラス、長男に子どもが与えられて孫ができました。私の実の父も今はハワイに永住して一緒に働いていて、これからは四世代で仕事をしていこうと話をしているところです。うちの奥さんは、クリスチャン家族に生まれて、生まれた時からクリスチャンでした。そんな十歳年下の美しいハワイアンの女性が、ずっと私のために祈ってくれていました。

私は、ビジネスでお金を一生懸命儲けて出世をして、千人の社員を雇う会社の社長にまで上りつめましたが、ラブタンクは全然埋まりませんでした。いつまでいったら、そしていくらあったら満足できるか、全く分かりませんでした。中国に住み、中国で五年間くらい働いていた頃、私は誰もがうらやむような身分でした。千人の社員がいましたし、私は中国

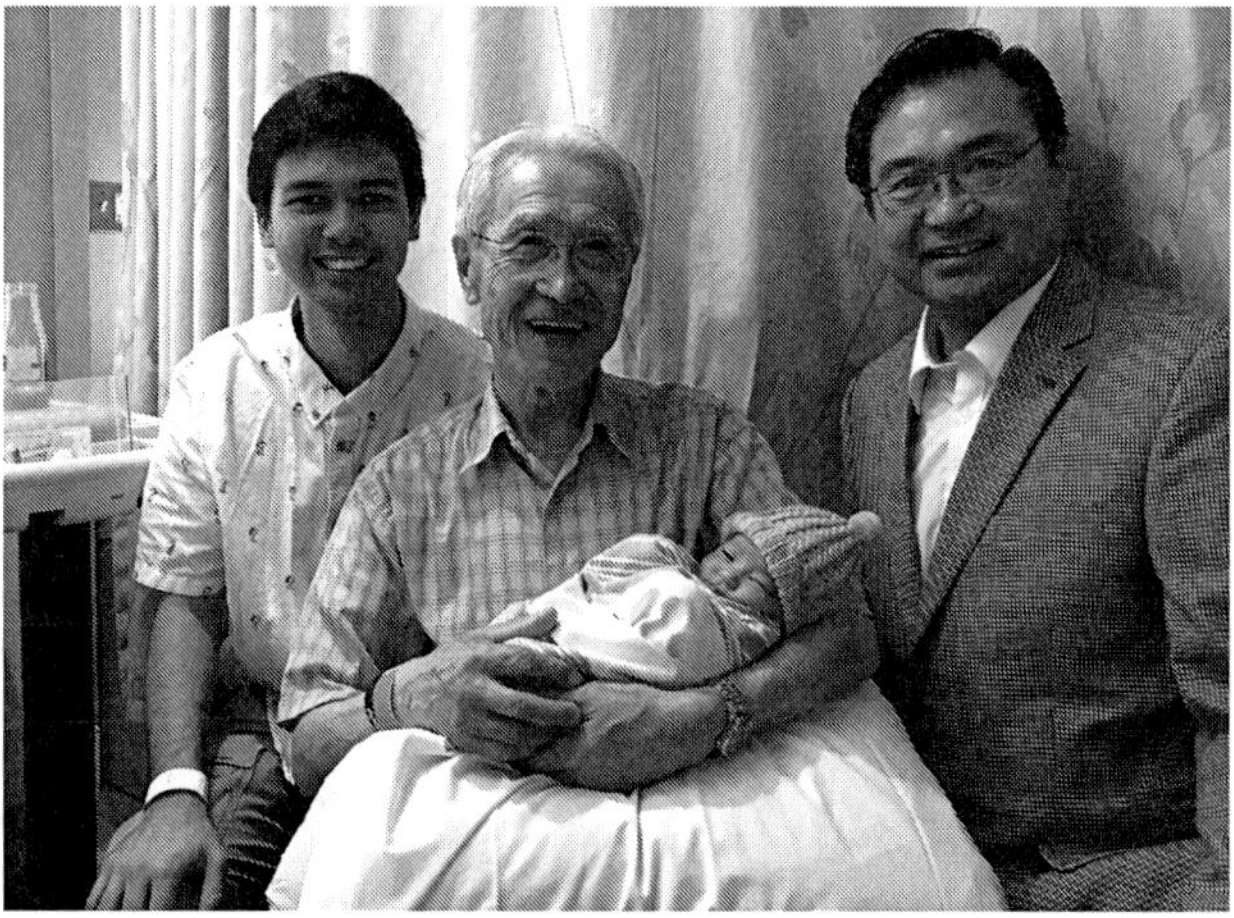

四世代

語ができませんでしたが、通訳する秘書が七人いました。家にもお手伝いさんがいました。だから、ペンよりも重たい物を持つ必要がなかったのです。カバン持ちがいて、運転手がいて、ドアも開けてくれます。奥さんも何もしなくていいのです。洗濯も料理もなんでもしてもらえるからです。人々が夢に見ている成功、人が羨む生活とは、このようなことなのかと思いましたが、全然満足できないのです。満足どころではありません。どうやってこの千人の社員の給料を毎月払うんだと、資金繰りの心配ばかりです。酒を飲まないと眠れませんでした。毎晩酒を飲んで、気を失うように寝なければ、不安に圧し潰されてしまいそうでした。"Lonely at the top." と英語で言うのですが、上に行けば行くほどLonely（孤独）でした。みんなの前で不安を顔に出せないのです。不安で、孤独で。その頃の中国は、ちょうど日本の昭和三十年くらいの感じでしょうか。経済がものすごく発展している時でした。海外に対して国をオープンし、経済開放をした頃でした。どんどんいらっしゃい！外資の人たちいらっしゃい！という時期だったので、私たちも乗り込んでいきま

した。毎晩宴会をし、政府の役人とお酒を飲むのが仕事です。日本の昔と何も変わりません。カンペー！　カンペー！　と、六十度の焼酎を毎晩飲んで、倒れた次の日には、「よし！　今日から兄弟だ。なんでも言ってこい！」と言って仕事を取るのでした。

しかし、そんな状況にもかかわらず、うちの奥さんは、毎晩宴会をしている側でニコニコしていました。だから私は、彼女が喜んでいると思っていました。普通だったら「いつまで飲んでるの？　何やってるの？　早く帰ろうよ。もう私は行きたくないよ！」というところですが、妻は毎晩いつも横にいてくれて、いつもニコニコしているのでした。ところが後で彼女がこう告白しました。「実はあの頃、あなたのためにずっと祈っていたのよ。神さまに『この人は何をしているのか分からないのです。この人が一日も早くタバコをやめられますように。酒がやめられますように。どんちゃん騒ぎをやめますように。一日も早く、あなたによって変えられて、外面

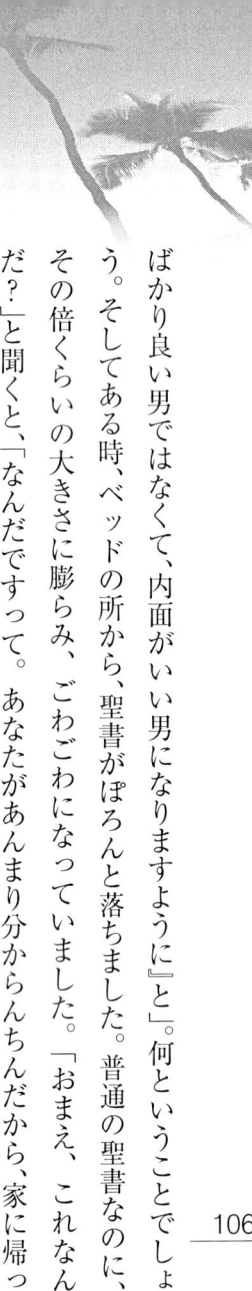

ばかり良い男ではなくて、内面がいい男になりますように』と」。何ということでしょう。そしてある時、ベッドの所から、聖書がぽろんと落ちました。普通の聖書なのに、その倍くらいの大きさに膨らみ、ごわごわになっていました。「おまえ、これなんだ？」と聞くと、「なんだですって。あなたがあんまり分からんちんだから、家に帰って来ない日には、涙と鼻水でぐちゃぐちゃになってお祈りしていたら、こんなになっちゃったんじゃない」と言うではありませんか。そして改めてその聖書を見た時に、私はひざまずいてその場に崩れました。「何者だ、おまえは。なんでそこまで俺を愛するんだ。とっくに諦めればいいじゃないか」と。そして、「おまえの信じるその神さまというのを俺も知ってみたい」と、思わず答えていたそうです。私は覚えていないですが、彼女から聞きました。

もし彼女が私を突っついて、「いつまで飲んでるのよ、早く帰ろうよ。もう私は疲れたよ」と言ったとしたら、「帰ればいいじゃん。中国に居たくないんだったら実家のハワイに帰りな」と私が言って、離婚になっていたでしょう。でも彼女は言わなかったのです。そして、ずっと祈ってくれていたのです。その時は、子どもはまだ二人くらいでした。もしあの時彼女が実家に帰っていたら、私はたぶんクリスチャンにならずに、結婚も四回目とか五回目になっていたかもしれません。だって自分がいつも正しいのですから。周りがいつもおかしくて、周りがみんな間違っているわけですから。「はい、この女性もだめ、はい次、この女性もだめ」となってしまっていたことでしょう。本当に申し訳ないのですが、でもこれが、典型的な日本人のビジネスマンにありがちな生き方ではないでしょうか。果たして私だけの問題でしょうか。日本のビジネスマンのためにも、このような問題をどうにかしなければならないなと強く思いました。

その時から、私は考え方が完璧に変わってしまいました。そして、彼女の祈りが強烈すぎたのか、クリスチャンになっただけでなく、今では牧師になってしまいました。

第三章　幸せになる七つの習慣

考え方が変わると習慣も変わる

私はクリスチャンになってから、考え方が完璧に変わってしまいましたが、同時に習慣も変わりました。ここでは、私が実践している幸せになる七つの習慣について、七つのポイントに集約して紹介していきたいと思います。

一番、「楽しいことをしている」
二番、「笑顔」
三番、「早く起きている」
四番、「常にWHYを考えて生きている」
五番、「他人と比べない」

六番、「人から好かれようとしない」
七番、「批判に無神経になる」

どうでしょうか、みなさん。どれもぐさぐさと心に刺さるのではないでしょうか。批判に無神経になれますか。人が言うことが気になるのではないでしょうか。あの人が私のことを何と言っているのか、多くの日本人は、気になって仕方がないでしょう。私も実は、気になって仕方がないです。でも、この話を聞いていただき、少しでも変わっていただけたら嬉しいです。

楽しいことをしている

一番目は、「楽しいことをしている」です。
みなさんがトランプ大統領を好きかどうかは関係ありません。政治的な話は一切

しません。でも、トランプ大統領を見て感じることがあります。彼はビジネスをやっても、大統領をしても、何をしても、自分のやっていることを楽しんでいます。このように、世界で成功した人は皆、自分が楽しいことをしています。好きなことをしましょうよ。人生は一回きりしかないのだから。好きなことというのはやはり、自分が神さまに与えられたタレントを生かすということではないでしょうか。私は、中野牧師、三橋牧師、冬木牧師に本当に感謝しています。ついに天職に出会えたからです。自分の会社を持ち、社長をしていますが、それも自分がやりたかったことです。牧師として話をすること、子どもたちのタレントを探して磨く教育をホームスクーリングで行うこと、すべて自分のやりたかったことです。ホームスクーリングは、アメリカでは許可されていて全く問題ありません。日本でも始まっていて許可されていることですから、全く問題はありません。好きなことをしているでしょうか。楽しいことをしているでしょうか。幸せになるために。これは当たり前といえば当たり前ですが、生きていくためにそんな夢みたいなことはできないと、みな

さん思っているのではないでしょうか。いいえ、できます。できますとも。

笑顔

二番目は、「笑顔」です。

みなさん、疲れていませんか。日本に久しぶりに帰って来て電車に乗ると、「みんな疲れた顔をしているなあ。本当に日本人は疲れているなあ」と思います。ハワイにいたら、一万歩くことなんてないですが、日本にいたら、一万歩くらいは平気で歩きます。電車に乗り換えたり、あっちに行ったりこっちに行ったりしなければならないからです。とにかくどこに行っても、日本人は疲れているなあと本当に思います。人間は、笑う時に十七本の顔の筋肉を使って笑うのだそうです。ところが怒る時には、眉間にしわを寄せて、四十三本の筋肉を使って怒るそうです。怒ってばかりいるとどうなるでしょうか。つまり、どんどんしわくちゃになってしまいま

すよということです。ですから、ぜひにこにこ笑って生きていこうではありませんか。怒っても何も変わらないのですから。

早く起きている

三番目は、「早く起きている」です。

今私は、毎朝六時から一時間、教会か自宅で聖書を読み、お祈りをして一日をスタートしています。そうすると、もうお昼頃までには、ほとんどの仕事が終わってしまいます。それから夕刻は、家族との時間を過ごします。一緒に遊んだり、一緒に料理をしたり、一緒にテレビを見たり、自由な時間です。とにかく楽しい時間なのです。これを始めるようになって、うちの教会は一日もお金に困ったことはありません。うちのビジネスも、一日もお金に困ったことがありません。朝六時に聖書を読んで一日をスタートするために、私は毎朝五時に起きます。みなさんも早く起きてみてください。とにかく、朝は静まる時間が必要だということです。朝に静まる時間を持てなかったら、一日中バタバタしてすぐ午後になってしまいますから。

常に WHY を考えて生きている

四番目は、「常に WHY を考えて生きている」です。

「Why, What, How.」の Why が大事です。例えばみなさんが仕事を探していて、面接に行ったとしましょう。そしてその面接に行って、「どんな仕事なんですか？どういうふうにしたらいいんですか？　いくらもらえるんですか？」と聞き、説明を受けると、「そうですか。では明日から行きます」となりますよね。だけど人というのは、「なぜこの仕事を私がするのですか」という質問はあまりしないのです。「なぜ私はこんなことをするのですか」、「あなたの会社はなぜそんなことをしているんですか」などという質問もしかりです。九十パーセントの人間は、なぜを考えずに仕事をしていると言われます。これが一般の人です。しかし、残りの十パーセントしかいない世の中のリーダーは、常にWhyを考えています。なぜ私はこれをしているのか。なぜ私はこの会社で働いているのか。なぜ私は今日ここに来たのか。なぜ。私はもうはっきりしています。なぜ私は、今この本を書いているのか。それは、みなさんにイエス・キリストを、聖書の神さまを伝えたい、自分よりも偉大なる神さまがいることを伝えたいからです。神さまを利用してビジネスに成功しようと考えている人がいるならば、それは今すぐやめてほしいと思います。逆です。神さまのことを伝えるために、私はビジネスをしています。ビジネスは手段であり、人と出会う道具です。だから何をするかはどうでもいいし、事業がいつ変わっても全く問題はありません。ビジネスは人と出会うための道具だからです。私は二カ月おきに日本に来ています。そのためには、お金が必要ですから、仕事しをしなければいけません。しかし普通に会社で働いていたら、日本に来られません。クビになってしまいます。だから自営業が必要です。そして、自営業をしながらビジネス牧師をしています。「その代わり、教会からは給料を一円も払いませんよ。それでもいいんですか？」と言われましたが、私は「いいです。チャレンジさせてください」と答えました。自分でビジネスをして稼ぎ、誰よりも教会に献金することを目標にして努力をしています。

アメリカでは、九十パーセントも献金しているのに、残りの十パーセントで大富豪と言われているクリスチャンビジネスマンがたくさんいます。十パーセント献金するのだって、ぶーぶー文句を言っている人もいるのではないでしょうか。しかし、九十パーセント献金すると、溢れるばかりに神さまが祝福してくださいます。そんな世界もあるということを覚えておいてください。神さまがみなさんを祝福するのは簡単なことです。でも、みなさんがそのお金をどう使うかが問題なのです。そのお金を、私利私欲のためや貯め込むためだけに使うのなら、神さまは祝福しないでしょう。自分が神さまだったらと、考えてみてください。どんな人にお金をあずけますか。そのお金を、人のため、世のため、神さまのために使ってくれる人に与えるのではないでしょうか。お金を貯め込んで、自分の屋敷や宝石を買って、自分のために、自分の愛人のためにと、自分の欲を満たすことばかりに使うなら、神さまは決して祝福しないでしょう。それよりも、自分に与えられたものをどんどん人に与えましょう。世のため、人のため、神さまのために、お金を惜しみなく使える人になって初めて、神さまはさらに祝福を与えてくださるのではないでしょうか。

他人と比べない

五番目は、「他人と比べない」です。

手足がなく生まれた、オーストラリア人のニック・ブイチチさんという方がいます。今は素晴らしい笑顔の彼ですが、自分はこの世に用なしだと思い、何度も死のうと考えたそうです。でも彼は、自分にないことを考えるよりも、自分にあるものを考えようという境地に達しました。彼は生まれた時から、手もないし、足もありません。でもいつも素晴らしい笑顔です。どうしてそんな笑顔ができるのでしょうか。彼も私と同じように、聖書の神さまと出会って、自分が生きている意味を見つけ出すことができた人です。どうして、私たち人間は疲れるのだと思いますか。自分にないものばかりを考えて、自分にないものばかりを追いかけて一生懸命に働くから疲れるのです。彼はかつて、「自分には手も足もない」と言っていましたが、「自分にないものを数えるのではなくて、自分にあるものを感謝して生きるものでありたい」と思うようになってから、このように

旭川のメンバー

素晴らしい笑顔ができるようになりました。これが、明るく元気に疲れずに、喜んで生きることができる秘訣だと思います。

みなさん、ないものを数えるのをやめましょう。人が持っている物がほしいと思うから、嫉妬をするし、泥棒や盗みや殺しが起きるのです。しかし、自分に与えられたものを感謝して生きるならば、残された生涯を実り多き人生として過ごすことができるのです。これをぜひ覚えておいてください。どうして私たちは他人と比べるのでしょうか。自分にないものがほしいから、そして自分にあるものに自信がないから、人と比べてしまうわけですよね。でもニックさんのことを常に思い出してください。彼は手も足もないのに、あの笑顔にあの自信ですよ。彼は世界中を回って、子どもたちに勇気を与えています。また、女性たちにはこう語っています。「みなさんはそのままで美しい。そのままでいいんだ。神さまはそのままで完璧なものとしてみなさんを美しい女性として造ってくださったんだ、このことを信じましょう」と。彼はそれを世界中の人々に伝えるために訪れているのです。また、男性たちには、「You are the man! 男たちよ、男らしくしっかりせよ」とエールを送っています。男性と女性には、それぞれ与えられている役割があるのです。

人から好かれようとしない

六番目は、「人から好かれようとしない」です。

自分が神さまに造られたことやそのままで良いということを信じるならば、人と比べる必要はないはずです。人と比べなくても、自信を持って行動ができるはずではないでしょうか。ちょっとショッキングな話をしますから、心を構えて聞いてください。私はこれを聞いて、とてもすっきりしました。みなさんが知っている人々を百パーセントとしたら、そのうちの三十パーセントの人々は、みなさんのことが大嫌いです。万人から好かれようなんて無理なのです。次の三十パーセントの人々は、みなさんのことに興味がありません。これでもう六十パーセントです。次の三十パーセントの人々は、みなさんのことがまああという感じで、これで九十パーセントです。そして、最後の十パーセントの人々がみなさんのことを愛してくれる人です。彼らはみなさんに興味があり、みなさんと友達になりたいと思ってくれています。ここからがとても大事な話です。特に日本人は間違えやすいのですが、みなさんを嫌いだ、みなさんに興味がないという六十パーセントの人々を、どうにか自分のほうに向けようと思って努力するわけです。「ねぇねぇ、なんとかちゃん！これ買ってきたんだけど、どう？　飲まない？　おいしいよ。これもどう？」と。興味ないと言っているのに、こちょこちょ言うわけです。そうすると向こうも、「うっとうしいやつだなあ。あなたに興味はないって言っているでしょう！」となります。私もかつてはそうでした。しかし私は、この美しいハワイアンの女性に出会って、本当に変えられました。人生が大きく変わったのです。この奥さんは、私を常に見ていてくれるからです。私の妻は、「子どもたちもあなたのことをいつも見てるよ」といつも言ってくれます。愛する家族に、教会関係の人や、私に興味があって私のことを好いてくださる人を合わせると、四十パーセントです。ところが人間は、こういうことをするのです。「この人たちはこっちを向いているから、自分を好いてくれているから、努力しなくてもいいか」と考え、六十パーセントのほうばかり見ているわけです。ああじゃないこうじゃないと、興味がないと言っているのに、電話をしたり、無駄な努力ばかりしているわけです。その一方で、私を愛してくれている四十パーセントの人々は、私を後ろから見てこう言っています。「何をやってるんだろうね、お父さんはね」と。これが日本の方からよく聞く、外面が良くて家に帰るとぶすっとしたお父さんの姿です。何故、家に帰ってぶすっとしているのでしょうか。私も、クリスチャンになる前はそうでした。私の目標は、世界の百パーセントの人々を、自分のほうに向かせることでした。そんなこと、絶対に無理ですよ。

みなさんも、みなさんを見ている四十パーセントの人々に時間を費やしてください。みなさんを愛している人の所に、早く帰ってあげてください。そしてその人た

ちと笑い、一緒に食事をし、一緒に時間を費やし、そしてできることなら、一緒に日曜日に教会に行ってください。そのようなみなさんの姿を見たら、みなさんに全く興味がないと言っていた六十パーセントの人々が、私もあんなふうになりたい！と思うのではないでしょうか。実は、これが本当の伝道です。ですから、八方美人や外面のいい生き方はやめましょう。興味がない人にではなく、興味がある人、自分のことを見ている人に、もっと時間を費やし、ともに質の良い時間を過ごしてください。子どもたちとの時間や夫婦の時間をもっと大切にしてください。

私は、必ず週に一回、うちの奥さんとデートします。必ず子ども抜きの二人きりで。結婚をしていない方は、親子の関係にあてはめてみてください。夫婦の間で棚上げした問題が、すなわち解決済みになっていない問題が、いくつありますか。これが百個や二百個になると、離婚までもう秒読みですよ。私が今やっていることは、それを一個一個、デートで下ろしていくことです。そして、「お願いだから、今日は一個だけ下ろして」と言います。女性は一度に、五つも六つも十個も話ができますが、男性は単細胞だから、一個一個話をしてくれないと駄目なのです。だから、話を一個一個聞くということを十年やりました。九十パーセントは彼女の話を聞き、最後に十パーセントだけ自分が話すということを、十年かけてやったのです。ある時、うちの奥さんが言いました。「ヨシ、そろそろその棚上げした棚を壊してもいいよ」と。これは、最高のほめ言葉ではないでしょうか。ということは、もう夫婦の中で、問題解決されていない問題はなくなったということです。そしてこの毎週のデートが、彼女にとって「自分がものを言える」時間となり、僕が「他を見ていない」時間となりました。「どこを見ているのよ！　あなたは！」と言われることがなくなり、「私だけを見て、私の話だけを聞いてくれる時間を、この男はちゃんと作ってくれる」と、私を信頼してくれるようになりました。ここまで来られたのは、やはり、教会に行くようになって、中野雄一郎牧師に教えを受けたおかげだと思っています。

ビジネスをしている方も会社に勤めている方も、このことをやってみてください。そうしたら、みなさんのビジネスは絶対に成功しますから。夫婦の生活がうまく行っていないのに、何故ビジネスがうまく行くのでしょうか。行くわけがないでしょう。アメリカや欧米諸国の成功者は、みんな夫婦関係がうまく行っています。どんなパーティーだって、手をつないで奥さんを連れて来るではありませんか。日本人だけではないでしょうか。首相がやっと形だけ、アメリカの大統領を真似して、妻の手をつないで飛行機から降りてくるくらいのものです。夫婦生活がうまくいっていなくて、どうして子育てができるのでしょうか。なぜ日本は少子化になってしまったのですか。それは、「こんな、喧嘩ばっかりしているお父さんお母さんみたいになってしまうんだったら、私は結婚なんてしたくない」と、子どもたちが思ったからでしょう。少子化を直すには、国がお金を出したからといって直りません。夫婦の関係が良くなる以外に、少子化の問題がなくなることはないと、私は信じています。

批判に無神経になる

七番目は、「批判に無神経になる」です。

言われることをいちいち真に受けたら、ぐさぐさ傷ついてしまいます。私なんか「来たな！」と思ったら、「また来たぞ！　隠れろ！　ぱっ！」と隠れます。批判をまともに受けていたら、生きていけません。牧師は特に、ずたずたになってしまいます。みなさん、言いたい放題ですから。問題があるから教会に来るのです。では、問題のない人なんて、この世の中にいるのでしょうか。そんな人はいません。そんな人たちの問題を、聞いてあげることが牧師の役目なのです。喜んでやっていますが、相手があまりにも度を超えたことを言い始めたら、やはり避けないとずたずたになってしまいます。みなさんの事を好いてくださる四十パーセントの人々の意見に耳を傾け、みなさんに興味のない六十パーセントの人々の批判には、無神経になることをお勧めいたします。

私たちが幸せになる七つの習慣、これを実践してみてください。楽しいことをしましょう。楽しいことをしたら、黙っていても笑顔になるのです。辛いことをやっているから、笑顔が出ないのです。朝早く五時に起きてみてください。子どもが起きる前に、神さまとの時間を過ごすのです。そして、聖書を読みます。この一時間は、すごい一時間です。私は、毎朝もう一時間欲しいくらいです。なんとも楽しい時間です。そして今日も、「一日一章」という聖書の解説書を読んだときに、聖書の第二コリント人への手紙を通して、「日本で大胆に語りなさい」と神さまから語られました。それゆえその御言葉を握って、この本の中で大胆に語らせてもらっています。

常にWhyを考えてください。なぜ私はこの人と結婚したのか、なぜ私はこの仕事をしているのか、なぜ私は神さまに命を与えられたのか、そこまで考えてください。そして、世のため人のため神さまのために私は生きているのだろうか、ではどうしたらそれができるのだろうかと考えてください。他人と比べないでください。ニックさんを思い出してください。人から好かれようとしないでください。四十パーセントの大切な人々と時間を費やしてください。みなさんに興味がない人には話をしなくても、そのうち向こうから話をしてくるようになりますから。そして、批判に無神経になってください。

神さまによって与えられたビジネス（アドバイザーと）

第四章　成幸をもたらす八つの秘訣

バランスがとれていなければ、成功とは言わない

「成幸をもたらす八つの秘訣」という話をしたいと思いますが、この「幸」という字が、普通とは違うのが分かりますか。Success の成功は事を為すほうの成功ですが、これは幸せ Happiness という字になっています。

バランスがとれていなければ、成功とは言いません。いくらお金があり地位が高くても、家庭の中がめちゃくちゃだったら、それは成功とは言いません。声を大にして言いたいです。すべてバランスがとれて、初めて成功なのです。

金持ち、地位がある、それだけではだめです。八人子どもがいる、それだけでもだめです。夫婦の仲が良くなかったら絶対にだめです。成功したかったら、夫婦の

仲だけを一生懸命頑張ったらいいと思います。

世界中の「成功の秘訣」に関する本を五十冊勉強した、晋一氏という方の『「人生成功」の統計学』という本があります。世界で特に有名と言われる、例えば、デール・カーネギーとか、ナポレオン・ヒルとか言う方々の本を研究した本です。みなさんも人生の中で、きっと一冊や二冊は読んだことがあると思いますが、成功の方程式とか成功の秘訣に関する、世の中で特に売れている有名な五十冊を読んでまとめたら、八つのポイントに集約できたというのです。その方はクリス

「人生成功」の統計学

チャンではありませんが、成功している人はみな言っている事が一緒だと気づき、調べて一冊の本にまとめたのです。私も早速、それを読んでみました。すると、この本でまとめられた八つのポイントは、全部聖書が教えている内容だということに気付きました。これらをすべてイエスにすることができたら、みなさんも成功者となる可能性が出てくるということです。

トランプ大統領就任式をご覧になったでしょうか。大統領就任式では、リンカーンの時代から、必ず聖書の上に手を置いて宣

牧師按手礼式　2010年4月18日

誓式を行います。「天に誓って、私は全力を尽くして大統領として仕事をいたします」と。このトランプ大統領が手を置いている聖書は、あのリンカーン大統領が実際に使った本物の聖書だと言われています。ベースが聖書なのです。欧米諸国の多くの働き手は、この天地の創造主なる聖書の神さまを信じて、今日も生きているということを、まず分かっておいてください。多くの成功者が聖書を通して導かれ、聖書を通して歴史に残る有名人になったというのは、みなさんもご存じの通りです。イーグレープから出ている「１００人の聖書」という本に、そのような有名人達のエピソードがまとめられていますが、大変興味深いエピソードばかりです。

100 人の聖書

これは世界の常識ですが、日本ではここが欠けています。なぜ日本には、一パーセントしかクリスチャンがいないのでしょうか。これは、世界の七不思議です。その理由の一つは、基盤が聖書に載っていないからだと思います。アメリカで成功している多くのビジネスマンは、クリスチャンです。九十パーセント献金して、十パーセントの収入だけで大富豪というクリスチャン実業家が、アメリカにはぞろぞろいます。それを聞いただけで、はー！と溜め息が出そうですね。そんな話は、日本にいたら聞いたことがないでしょう。「募金」という言葉は使っても、「献金」という言葉は、日本ではあまり使わないですよね。「募金」はちゃりんという音がしますが、「献金」はばさっと音がします。募金と献金では、音が違うし規模が違うのです。例えば、ケンタッキーフライドチキンの創業者とドミノ・ピザの創業者を見てみましょう。この二人は、間違いなく九十パーセントを献金して、十パーセントで大富豪になった実業家です。神さまがついているんですから、日本の企業はかないませんよ。会社の相談役、弁護士、税理士、役員をはじめ、その会社をコントロールしているのは神さまですから。

それでは皆さんも、この八つのポイントのうち、今自分は、どれがイエスでどれがノーかチェックしてみてください。自分と神さまとの関係の中で、正直になってやってみてくださいね。

成幸をもたらす『聖書的 8つの秘訣 』
8 Biblical Laws Of Success

Yes	No	#	項目 Contents
		①	ビジョンを持つ。言葉に出す。 Visualize and verbalize ヨハネJohn 1:1-5
		②	楽観的になる。ポジティブになる。 Be optimistic. Be positive. マタイ Mathew 6:33
		③	自分の直感や内なる声に従う。 Follow your inner revelations and voice. エペソ Ephesians 3:16
		④	他人に与える。奉仕する。 Serve and give to others. ルカLuke 6:38
		⑤	人生の目標や目的をはっきりさせる。 Have clear goals and a purpose. ピリピ Philippians 3:14
		⑥	他人に思いやりを持つ、赦す。 Forgive and think about others. マタイ Mathew 18:21-22
		⑦	楽しいこと、楽しい仕事に取り組む。 Get involved with activities and work you enjoy. 詩篇 Psalm 37:4
		⑧	自分の価値観、求めているものを知る。 Know your value and calling. イザヤIsaiah 43:4
			Total Number

成幸をもたらす八つの秘訣

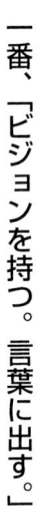

一番、「ビジョンを持つ。言葉に出す。」

ビジョンを持ち、言葉に出して生きていますか。常に自分が成功することをイメージして、それを言葉に出して生きていますか。成功を常にイメージして生きている人は、イエス。それとも、「そんなものあるかいな。食べることに一生懸命だよ」と思っている方は、ノー。

二番、「楽観的になる。ポジティブになる。」

常にポジティブで、どんなことがあっても心を揺るがさない性格ですか。何があってもポジティブに受け取る性格ですか。分かりにくい人は、どちらが多いかと考えてみてください。どっちかといえばネガティブな思いが一パーセントでも多い人は、ノー。ポジティブな思いが一パーセントでも多い人は、イエス。

三番、「自分の直感や内なる声に従う。」

人の声が気になって仕方がない人は、ノー。人の声が気にならず、自分の内なる声を信じて生きている人は、イエス。

四番「他人に与える。奉仕する。」

冗談じゃない、自分が満たされていないのにどうして人に与えることができるんですかと思う人は、ノー。溢れるほどいただいているから与えます！という人は、イエス。

五番、「人生目標や目的をはっきりさせる。」

そんな言葉は昔聞いたことがあったなあという人は、ノー。目標や目的を持って生きている人は、イエス。

六番、「他人に思いやりを持つ。赦す。」

みなさんの人生の中で赦せない人が一人でもいるとしたら、残念ながら、ノーと書いてください。もう全て赦したし、誰も赦せない人はいないという人は、イエス。

七番、「楽しいこと、楽しい仕事に取り組む。」

人生が楽しくないと思う人は、ノー。今やっていることはみなさん楽しいですか。生活のために仕方なしにやっていますか。イエスかノーで答えてください。

八番、「自分の価値、求めているものを知る。」

みなさんは価値がある人間だと思いますか？という質問を世界中ですると、日本ではノーと答える人がとても多いそうです。自分の価値への評価が低いのです。みなさんはどうですか。イエスかノーで答えてください。

だいたい分かりましたでしょうか。イエスが何個でノーが何個かを、数えて書いてみてください。では、自分を見つめた正直な数字が出たところで、結論を言いましょう。一年間かけて聖書を学び、すべてが『イエス』と言える人間になりましょう。これが結論です。ノーがたくさんあっても、大丈夫です。どこをどう変えなければならないかが分からなければ、人間は向上することができません。いくら聖書を読んで祈っていると言っても、十年経っても二十年経っても、同じところをぐるぐる回っているだけで、何も変わらないという場合もあります。

実は私たちはハワイで、木曜日の朝七時半から、発起人の中野雄一郎牧師を中心として、BB&B＝Bible, Business, and Benefit というミーティングを持っています。ビジネスマンやビジネスウーマンたちを中心に集まっていますが、別にビジネスに関わっていない方でも構いません。誰でも歓迎しますから来てほしいと思います。ハワイで三十五年間中野牧師が続けてこられた、「明日に向かって」というラジオ番組がありますが、毎朝六時五十分からのこの番組を聞いて、このミーティングに来てくださっている方も多いです。

私は「ハワイのよし」ですが、「世界のよしさん」という方がいます。この方は、ニューヨークでインテリアデザイナーとして大成功し、ニューヨークで日本人として名をなした方です。その人は今、家族が与えられ、子どもも与えられ、ハワイの地でもっとバランスの取れた成功を目指しています。そして自分のことを、「フルタイムパパ、パートタイムデザイナー」と呼

BB&B と中野牧師

んでいるそうです。神さまと出会って、そのように人生が変わった白石よしさんが、ＢＢ＆Ｂの朝のミーティングで、この八つの秘訣について書かれた本を私に紹介してくださったのです。素晴らしいミーティングです。そういうことをみんなで話し合っている所ですから、みなさんも時間があったらではなくて、時間を作って、ぜひ参加していただきたいと思います。私はこのチャートを見た瞬間、「これは全部聖書が言っていることじゃないか！　これすごいね！」と、とても感動しました。

世界の成功者は聖書を知っている

でもよく考えてみれば、世界の成功者というのは、実は、聖書をよく理解できているのです。知らないのは日本人だけです。九十九パーセントの日本人は、聖書の「せ」の字も知りません。しかし、世界の成功者はみんな聖書を知っているし、神さまのことも聞いたことがあるのです。ちゃんと知っているけれども、選んで信じているか、選んで信じていないかの違いにすぎません。ところが日本人は、聖書も神さまの存在もよく分かりません。これは、大きな違いです。文化の違いもあるでしょう。日本には、人間が作った神々が多すぎるから、山も神さまになってしまえば、石ころまで神さまになってしまいます。商売繁盛はあちら、子を授かるにはこちら、家内安全はあちら、交通安全はこちらと、訳が分からなくなってしまいます。そして、神さまというのは、そのようにいろいろといるものだと思ってしまって、私たち日本人は育ちました。でもそれらはすべて、人間「が」作った神さまです。ところが、クリスチャンが信じている神さまというのは、人間「を」造った神さまなのです。これは大きな違いです。天地を造り人間「を」造った神さまは唯一の神で、ひとつしかありません。「そんな神さまに、教会を通して立ち返りましょう」というのが、キリスト教の神髄です。唯一の創造主なる神さまがいらっしゃるということ、そしてイエス・キリストが救い主であるということを、しっかりと覚えておいてください。

サッカーのワールドカップ、楽しかったですよね。そのワールドカップのスターの一人に、本田圭佑選手がいます。さすがに世界の本田です。この本田選手が何かポーズをしているのを、みなさんは見たことがありませんか。世界のスポーツを見ていてもよく見かけますが、これは、何を意味していると思いますか。「私が世界のナンバーワン」と言っているのでしょうか。本田選手は当然海外で訓練を受け、プロ選手として働いてきましたから、最初は他の人を真似していたのかもしれません。しかしだんだんと意味が分かってきて、今では本当にこの意味が分かってやっているのだと思います。そして、「今私がシュートを決めることができたのは、あなたのおかげです」と表現しているのではないでしょうか。あなたって誰だと思いますか。ご先祖様でしょうか。いいえ、天地の創造主なる聖書の神さまに感謝をささげているシーンなのです。世界中のプロの選手たちが、常にこのポーズをとります。ホームランを打ったらこのポーズをとって、ぐるっと回って帰って来ます。「今のホームランは、私の力ではないです。あなたが私にタレントを与えてくれた。天地の創造主なる神さまによって、私が今得点を決めることができた」と。彼らは常に、神さまに心を向けて生きています。そして、Do it all for glory of God!「すべては神さまの栄光のためにある」と言います。天地の創造主なる神さまを信じるクリスチャンとして、何をするにしても自分の栄光のためにではなく神さまの栄光のために行っています。そして、「あなたが私に与えてくれたタレントを生かして、私はこれからも仕事をしていきます」と言うのです。世界

賛美チーム

で成功している多くの人々が、そのような生き方をしています。

では、「成幸をもたらす八つの秘訣」を、一つ一つ詳しく見ていきたいと思います。

ビジョンを持つ。言葉に出す。

一番目は、「ビジョンを持つ。言葉に出す。」です。

みなさんは、ビジョンを持ち成功をイメージしていますか。言葉に出していますか。「どうせ私なんか駄目よ」と日本人は言います。それが美徳みたいに思われています。社交辞令で、自分を謙遜に見せるのです。でも、気をつけないと本当にそういう人間になってしまいます。「私はどうせだめだ、私にはそんなことできません、私はそんな」と言っていたら、本当にそんな人になってしまいます。聖書では何と言っているでしょうか。ヨハネの福音書一章一節に、『初めに、ことばがあった。

ことばは神とともにあった。ことばは神であった。』とあります。神さまはことば一つで、この天と地を造りました。ことば一つで太陽を造りました。ことば一つでこの地球を造り、生き物を造り、人間を造り、ことばを造りました。それくらい、ことばというのは大切です。「病は気から」と言うでしょう。病気で風邪を引きそうになる時、みなさんどうしますか。「あー来たな、これは風邪を引くぞー」と言うと、体中の細胞が「風邪引くぞー、風邪引くぞー」と、体中の細胞が間違いなく風邪引くぞモードになります。そして予定どおり、みなさんは風邪を引くでしょう。子どもが風邪を引きそうだと言うときは、「よし、ちょっとこっちに来なさい。いいか、あなたの細胞に言い聞かせなさい。『絶対に風邪引かない！風邪引かない！』と言ってごらん。」と言ってあげるのです。すると本当に八割方、子どもはこれで風邪を引きません。

We are what we eat.「私たちは自分が食べたものになる」という言葉が英語に

ありますが、We are what we say.「私たちは言った自分になる」のです。言った自分以上には、絶対になりません。神さまを中心においてどう生きるか、ポジティブな言葉を語り続けて生きることができるかが問題です。ネガティブな言葉は、一切口から出さないでください。「私なんて」と言わないでください。「私にはできる！」と言いましょう。なぜって、イエスさまがついているからです。イエスさまが私は高価で尊いと言われたから、イエスさまが私を愛してくださると言ったから、「私にはできる！」のです。

聖書のピリピ人への手紙四章十三節の言葉です。

『私は、私を強くしてくださる方によって、どんなことでもできるのです。』

私が神さまを信じるということは、神さまの言葉を信じるということです。なぜなら、『初めに、ことばがあった。ことばは神とともにあった。ことばは神であった。』からです。神さまを信じることは至ってシンプルで、決して難しいことではありま

せん。

ちょっと参考にしていただきたいデータがあります。八十三パーセントの人々は、目標もなくただ生きていると言われています。しかし十四パーセントの人々は、頭の中で目標を描きながら生きていると言われます。そして頭の中で目標を描いて生きている人は、普通の人よりも少なくとも十倍の成功を出すことができると言われています。さらに、目標を頭の中だけではなくて、紙に書いて貼り出すとか口に出して言う人々は、全体のわずか三パーセントにすぎ

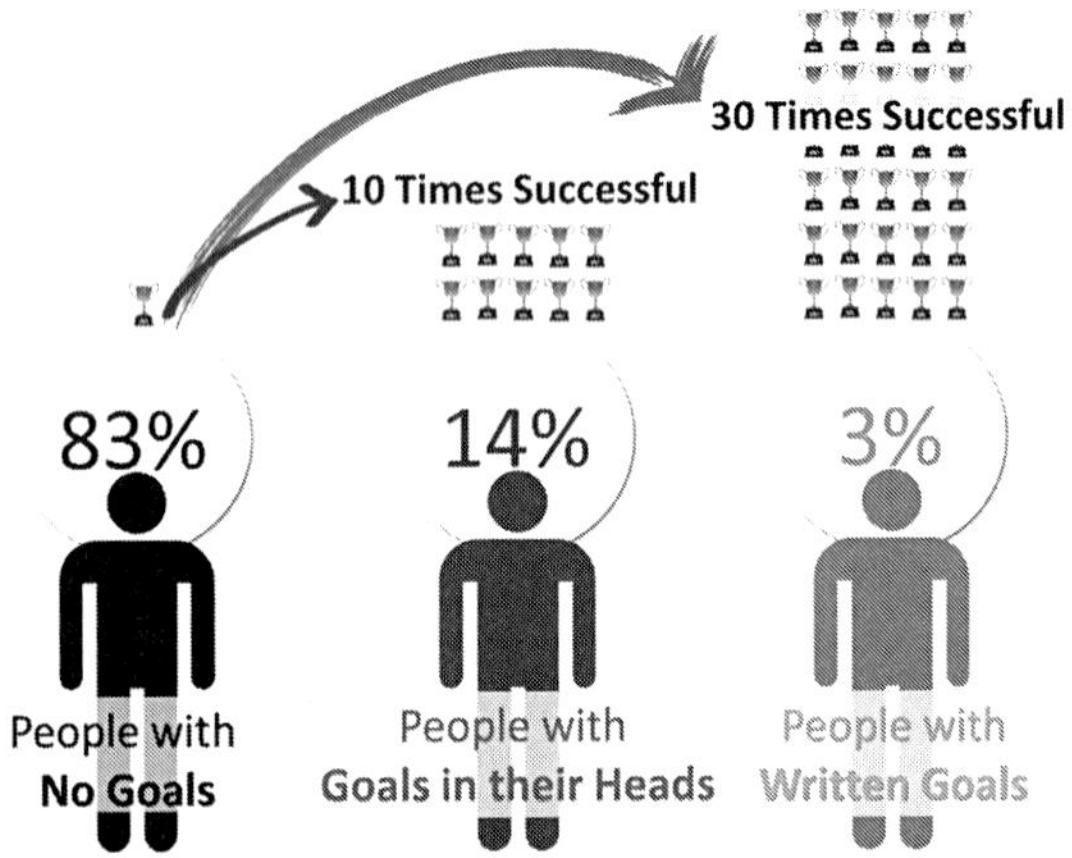

目標と成功の関係

ず、なんと普通の人の三十倍の成功を、歴史的に遂げてきたということです。言葉というのは本当に力があるのだということを、覚えていただきたいと思います。有言実行という言葉がありますが、言葉に出さないことというのは、いくら思っていてもなかなか実現できることではありません。世界中の成功の秘訣に関するベストセラーのどの本を見ても、「目標を言葉に出す。それを書く」ということは、必ず語られている内容ではないでしょうか。これが一つ目でした。

楽観的になる。ポジティブになる。

二番目は、「楽観的になる。ポジティブになる。」です。

前にも紹介しましたが、人が笑う時は、十七本の顔の肉を筋肉を使って笑うそうですが、怒る時には、四十三本の筋肉を使って怒るのだそうです。ということは、怒ってばかりいると、しわくちゃになってしまいます。ですからぜひ、十七本の筋肉を使って、常ににこにこ生きようではありませんか。やはり成功している方というのは、ポジティブで楽観的な方が多いということです。

聖書のマタイの福音書六章三十三節の言葉です。

『だから、神の国とその義とをまず第一に求めなさい。そうすれば、それに加えて、これらのものはすべて与えられます。』

これは、私がクリスチャンになって最初に心に響いた、十個の聖書箇所のうちの一つです。『神の国とその義とをまず第一に求めなさい。そうすれば、それに加えて、これらのものはすべて与えられます。』の意味が、最初は本当に分かりませんでした。なぜなら私が習ったのは、「自分で汗水かいて働いて、それで稼ぐ！稼ぐ！自分の力で稼ぐ！」であり、それしか習ったことがなかったからです。神さまを第一に生きる時、必要なものはすべて与えられるなんて、全く意味が分かりませんんでした。

教会に行き始めた頃、初めはとにかく分からないことばかりでした。だから冬木牧師と三橋牧師に度々電話して、「これはどういう意味なのでしょうか？」と質問しました。特に三橋牧師には、一日三回くらい電話して、「これはどういう意味でしょうか。よく分からない。何ですかそれは？」と尋ねましたが、三橋牧師は、いつも本当にやさしく私に説明してくださいました。「その話は、何度も説明しただろう」とは一切言われませんでした。一回電話したら、あっと言う間に一時間になってしまうというような感じでした。でもやはり、そのプロセスを通ったからこそ、この聖書の言葉の意味がよく分かるようになったのです。

自分の一年間を振り返ってみたときに、よく考えたら、神さまのことしかしていなかったということに、私は気付きました。例えば、ある人が助けを必要としてい

たら、やっていた仕事を置いてすぐに助けに行くという具合です。今度はこの人、今度はこのミーティング、今度はこの集会、今度はこれと、仕事をしている時間がないくらいに動き回っていました。ですから、お客様を追いかけた日というのはありません。営業のために何か努力をしたということは、正直言ってあまりありません。こんなことは普通はあり得ないですが、神さまの仕事をすればするほど、ちょうどいいタイミングでお客さんから電話がかかってくるのです。嘘みたいに、このタイミングか！というときにかかってくるのです。ちょうど今お見舞いから帰って来て、オフィスに入ろうかな、車を停めようかなと思ったら、突然電話が鳴るのです。「あなたの広告を見まして前からこの製品がほしいと思っていたんですけれども、今ちょっと話ができますか？」と。「もちろん、喜んで！」と返事し、「いやーすごいなあ、神さま、このタイミングですか！」と思わず心の中で叫びます。病院で電話がかかってきていたら、話ができないところです。でもほとんどが、ぴたっ、ぴたっとうまく行くのです。これを信じるか信じないか、ぜひ一度試してみてくだ

さい。神の国と神の義を第一に置いて生きてみてください。結果的には、嘘みたいにすべてが与えられます。

自分の直感や内なる声に従う。

三番目は、「自分の直感や内なる声に従う。」です。

聖書のエペソ人への手紙三章十六節の言葉です。

『どうか父が、その栄光の豊かさに従い、御霊により、力をもって、あなたがたの内なる人を強くしてくださいますように。』

イエス・キリストを信じると、心に聖霊さまが入ります。そして聖霊さまが、右に行くのか左に行くのか、何をしたらいいのかを教えてくれます。よく胸騒ぎがするなんていうのがありますが、あれは間違いなく神さまが「やめときなさい」と、みなさんに注意しているわけです。ただし、「自分の直感や内なる声に従う」時に、どうしても気をつけなければならないことがあります。自分の直感や内なる声が、聖霊なる神さまの語りかけなのかが分かっている必要があります。これには、正しい信仰が必要になります。平安があることはした方がいいし、平安がないことはしない方がいいというのが、聖霊さまに従って生きる生き方の一つです。神さまはすべての人に良心を与えてくださっているので、聖霊さまの語りかけかどうかを判断するのに、これは役に立つかもしれません。また、大切な決断をするときは、念のために、聖書の専門家でもある牧師に相談するのがよいと思います。これは儲かりそうだなとか、これは良い話だなとか思っても、心に平安と確信がなく、何かがおかしい、何かひっかかるぞというときは、「やはりちょっとストップして、もう一度考えなさい」ということです。きっと、聖霊なる神さまが導いてくださいます。自分の直感や内なる声に従ってください。

みなさんは、人の声や人の言葉が気になりませんか。気になるということは、「神さまの日にはあなたは高価で尊い」という基盤が、揺らいでいる証拠です。もし基盤がしっかりしているのであれば、人が何と言おうと気にならないはずです。多くの場合、耳のあたりでサタン（悪魔）の声が聞こえてきます。「やめとけばいいよ、そんなの、どうせおまえにはできっこないよ。やめとけ、やめとけ」と。ですから、どのような声に聞き従っていくかがとても大切です。神さまは、この聖霊さまを通して、胸のあたりに語ってくださいます。

実は成功者の多くは、朝早く起きていると言われています。朝五時に起きて、一日をスタートすることです。この私も、実は毎朝五時に起きています。六時からの一時間、自宅か教会に行き聖書を読んで、静かな祈りの時を持って、一日をスタートするようにしています。私は、子どもたちには、「私はあなたたちにはお金は一銭も残しません」と言っています。お金を残したって、八人の子どもたちが喧嘩するだけだからです。そして、「私はお金は残しません。その代わりに、毎朝六時にこの教会で一緒に祈って一日をスタートするという、この習慣だけはみなさんにしっかりつけてもらってから、私は天国に行きます」とも子どもたちに言っています。朝早く起きて祈ると、どんなに良い効果があるか、皆さんも試してみてください。

他人に与える。奉仕する。

四番目は、「他人に与える。奉仕する。」です。

長男の結婚式の司式

今ハワイで、一つの事業がものすごく発展しています。すごいスピードで成功を遂げているビジネスですが、何だか知っていますか。簡易倉庫、セルフストレージです。一等地に綺麗なビルがどんどん建っています。何が建つのかと思ったら、三階建てくらいの倉庫です。ところが今の倉庫はとても綺麗です。昔のような汚い、暗い、臭い、危険、という倉庫ではなくて、ホテルみたいです。中に入るとピカピカで、フロアも綺麗でエアコンも入っています。電気も明るくて、歩いて入って行くと電気がピカッ、ピカッと付いてきます。そして、皆が帰り誰もいなくなると、電気が二十パーセントくらいに落ちて、エアコンがかかり、音楽が流れています。誰もそこにいないのにです。

なぜそんなに発展するほど、倉庫が必要とされているのでしょう。一個か二個くらいしか、倉庫が空いていないのです。なぜだと思いますか。人々は一生懸命働いて、一生懸命物を買っていますが、自分を満足させるための物が家に入りきらないのです。だからそれを倉庫に置いているのです。捨てるにはもったいないし、人にあげるのももったいない。自分が一生懸命働いて買ったのだから、これは私の物だと。

聖書のルカの福音書六章三十八節には、こういう言葉があります。

『与えなさい。そうすれば、自分も与えられます。』Give, and it will be given to you.

与えなさい。そうすれば、自分も与えられます。それが聖書的な教えです。

簡易倉庫というのは、Me, me, me! の世界です。「私の物！私の物！それも私の物、それも私の物！触らないで、私の物に！」と言っているようです。簡易倉庫そのものが悪いと言っているわけではなく、自分のためにため込む心に、問題があると言っているのです。

この地図を見てください。これはイスラエルの地図です。イスラエルには二つの有名な湖があります。一つはガリラヤ湖、一つは死海です。死海は、塩分濃度がものすごく高いので、人間が浮いてしまうのです。では、何でそんなことができるのかというと、死海は海抜マイナス四百メートルなのです。海がここだとすると、死海というのは四百メートルも下。世界一海抜の低い湖なのだそうです。ガリラヤ湖も、実はマイナス二百十三メートル。ガリラヤ湖ですら海よりも低い所にあるのです。ガリラヤ湖に山から冷たい綺麗な水がどんどん入ってくるので、それを下へ下へと流しています。ところが、死海というのは受けるばかり。受けてばかりいるから、水は太陽に当たって蒸発しますが、塩分はすべて残ってしまうのです。そのため塩分の濃度が高い湖になり、

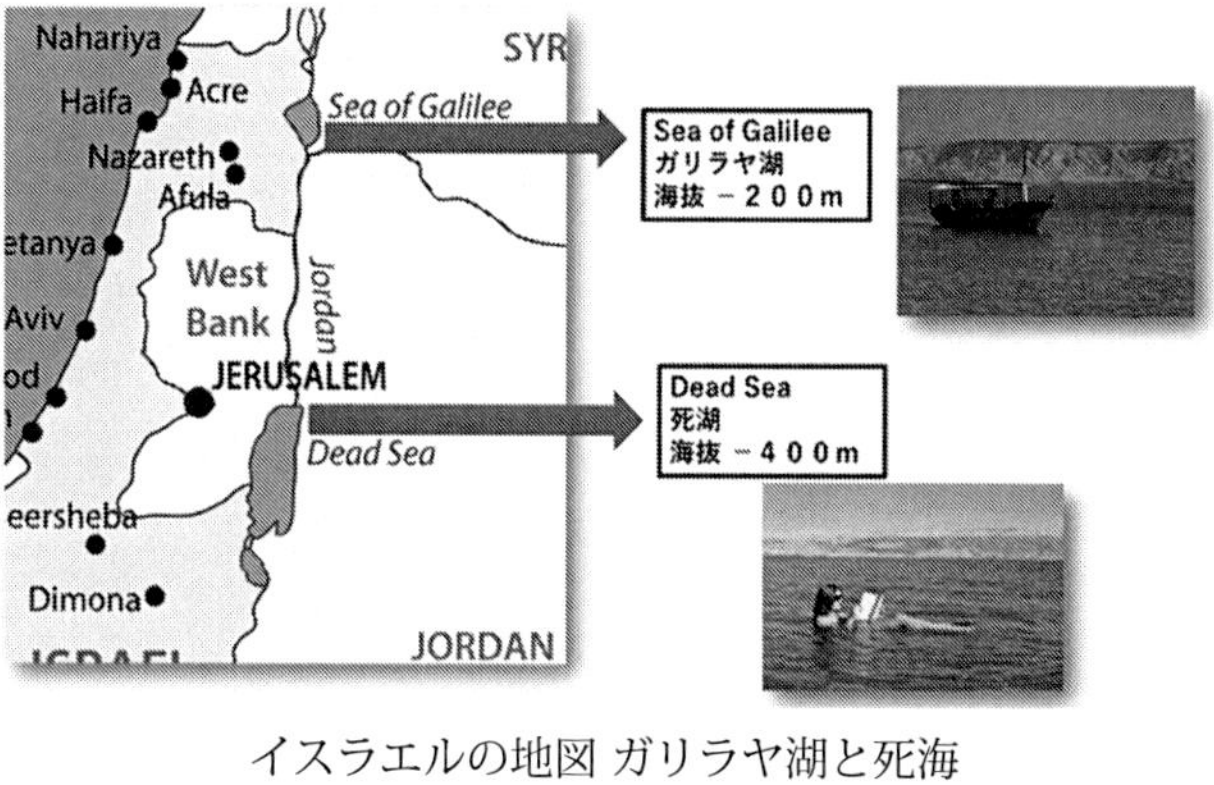

イスラエルの地図 ガリラヤ湖と死海

Dead Sea「死海」と呼ばれるようになったのです。私たちの人生も同じです。Me, me, me! Me, me, me! とやっていると、あなたは死にますよということです。聖書的に生きるには、与えられたら与えるではなく、与えるから与えられるに変わる必要があります。私も含めて、人間というのは本当に自分勝手です。でも、与えたら与えられるのです。いろいろな悪いことが人生に起きている人が、私に言いました。「分かっています。どうして今、こういう悪いことが起きているか。それは、悪い種をずっと蒔いてきたからです。あそこに蒔き、ここに蒔き、こっちへ蒔いて、あっちへ蒔き。今その収穫が、私に回ってきていると知っています。でも、今からは、私は良い種を蒔きます。そのうちきっと神さまは、私に素晴らしい収穫を与えてくださるでしょう」と。素晴らしいと思いませんか。みなさんは、人生にどんな種を蒔いて生きてきましたか。悪い種を蒔けば、必ず悪いものを収穫します。それは聖書的であり、当たり前なことです。人に何か良いことをした時に、その人から見返りを期待してはいけません。聖書的に生きるということは、与えて与えて与え続け

るということです。その人からは、一切期待してはいけません。期待するから頭に来るのです。「何だよ、こんなにしてやったのに何もないわけ？」と。その人にしてみれば、ありがた迷惑です。誰も頼んでなんかいないのにという話になり、喧嘩になるわけです。与えるときには、神さまが、その働きに対して私たちを祝福してくれることを信じることが大事です。イエスさまが聖書の中で、「喉が渇いた人に水を一杯あげる人のことを、わたしは忘れない」とおっしゃいました。みなさんも、みなさんの周りで助けを必要としている人に、惜しみなく与えましょう。

私には八人も子どもがいますから、洋服がいくらあっても足りません。でも感謝なことに、教会に来ていると、みなさんがどんどん洋服を持ってきてくださいます。子どもたちは喜んで取り合い、洋服は一瞬でなくなってしまいます。また、いろんな人がスナックを持って来てくださいますが、それもうわっと一瞬でなくなってしまいます。でも、それは良いことです。そして綺麗に着た洋服は、また次の方に譲ってあげるのです。男の子なんかが着ると、一週間も着たら膝に穴が空いてしまっていますが、それでよいのです。与えるというのは、そういうことです。「与えなさい。そうすれば与えられます。」聖書の言葉です。神さまが必ず私たちに与えてくださることを信じて、良い種を蒔き続けようではありませんか。

教会ではよく、「神さまに感謝して、十パーセントを献金しましょう」という話を聞きます。アメリカでは、九十パーセントを献金して、十パーセントで生きているクリスチャンがいるということを聞いたことがあります。ドミノ・ピザのオーナー、ケンタッキーフライドチキンのオーナー、そして、ウォーレン・バフェットというクリスチャンのアメリカ人富豪などです。この人は、クリスチャンとして投資のビジネスをして大成功をしている方です。彼の好物はマクドナルドのハンバーグ。それも、野菜も何も入れずにただのパンと肉が入っているだけのものです。それとチェリーコーク。それしか食べないそうです。今はもう八十九歳くらいの人なのですが、自分が贅沢をする代わりに、自分の利益の九十パーセントを献金しているのです。世の中の必要な所へ、生かしてくださる所へ、無駄金にしない所へ。教会もあるでしょう、チャリティーもあるでしょう、病院もあるでしょう、学校をつくることもあるでしょう。こういう人が、アメリカには本当にいるのです。

人生目標や目的をはっきりさせる。

五番目は、「人生目標や目的をはっきりさせる。」です。

「昔はそういうことを聞いたことがあったけれど、現実はそんなに甘いものではないですよ」と言う人がよくいます。

ある人とある青年の対話

「あなたは何のためにそんなに勉強するんだい？」

「そりゃあ勉強して良い大学に入らないと。」

「何で良い大学に入る必要があるんだい？」

「そうでないと良い仕事に就けないでしょう。」

「何で良い仕事に就く必要があるんだい？」

「それはやっぱりお金を儲けて家族も持ちたいですよ。」

「じゃあ、何でお金を儲けることが大事なんだい？」

「それは家も必要だし、食べさせなければいけないし。」

「それでどうするんだい？」

「そうですね、子どもが大きくなったら子どもも良い大学に入れなきゃいけないからお金を儲けなきゃいけない。」

「それでどうするんだい？」

「歳を取っても子どもに迷惑をかけずにどこかの養老院に入って十分暮らせるくらいのお金を貯めておけば、幸せになるでしょう。」

「それでどうするんだい？」
「時が来たら天国に行くかどこにいるか知らないけど、死ぬ日が来るでしょう。」
「じゃあなんだい？　あなたは死ぬ日のために今日勉強しているのかい？」

そういうことになってしまうのです。結局、生きる目的がはっきりしていないのです。私たちは、食べるために生きているのでしょうか。神さまが言われる生きる目的というのは、違います。神さまは、人のため、世のため、神さまのためになる働きをしなさいとおっしゃっているわけです。自分だけ成功してすごい家に住んで、子どもも幸せになったような気がしますが、でもほとんどそういうふうにはいかないものです。

日本でいう「引きこもり」は、引きこもる部屋があるから引きこもりが起こるわけであって、引きこもる部屋がなかったら、引きこもりなんていう事件は起きないのです。だからうちでは、八人の子どもたちが、小さなアパートの部屋で川の字で寝ています。コンピューターも、みんなが見ているほうに画面を向けて見た方がいいです。でないと、男の子はすぐにポルノを見たりします。女の子だって、自分の部屋に入っちゃったら何をしているか分からないですよ。そこから問題がスタートするわけです。だから川の字がいいのです。今の子どもたちがうまく育たないというのは、現代病であり、贅沢病なのです。

世のため、人のため、神さまのためになる仕事を目標として生きてください。そのために、神さまが私たちにタレントを与えてくださったのです。そうでしょう。お花を生けるのが世のため、人のため、神さまのためになる仕事ならば、患者さんの病気を治すお医者さんも、世のため、人のため、神さまのためになる仕事です。あなたには、どんな仕事のタレントが与えられていますか。今の仕事を感謝して続けながらも、あなたに与えられたタレントについて、しっかり考えてみませんか。そして、来年からの生き方を、もう一度見直してみてはいかがでしょうか。

聖書のピリピ人への手紙三章十四節の言葉です。
『キリスト・イエスにおいて上に召してくださる神の栄冠を得るために、目標を目ざして一心に走っているのです。』

神さまの栄冠を得、神さまに栄光を帰するために、私たちは生きる必要があります。自分が偉くなり成功するためや、自分だけ儲かるためというのは、目標とは言わないと神さまが言われています。それはただのselfishであり、自己中心です。世のため、人のため、神さまのためになり、神さまに栄光を帰することができるような働きをしようではありませんか。これが五番目です。

他人に思いやりを持つ。赦す。

六番目は、「他人に思いやりを持つ。赦す。」です。

どうですか。みなさん、赦せない人はいませんか。一人や二人、赦せない人がいるかもしれませんね。または、あの時に言った一言が赦せない！と、心の奥底に大事に溜めているものがあるのではないでしょうか。もう五十年も前に言われた一言を、今でも覚えているということはありませんか。はっきり言っておきますが、みなさんにその一言を言った人はもう覚えていません。ですから、大事に溜め込んで心の奥底にしまい込んでいないで、もうそれは忘れなさいと聖書は教えています。

聖書の中のマタイの福音書十八章二十一節〜二十二節の言葉。

『そのとき、ペテロがみもとに来て言った。「主よ。兄弟が私に対して罪を犯した場合、何度まで赦すべきでしょうか。七度まででしょうか。」イエスは言われた。「七度まで、などとはわたしは言いません。七度を七十倍するまでと言います。』

弟子がイエスさまに聞いているわけです。「彼らが私にこんなことをしている。何度まで赦せばいいんですか？　七回くらい赦せばいいんですか？」と。するとイエスさまは、「だめだ七回なんて。七の七十倍まで赦しなさい」と言われました。ということは、七×七十、つまり四百九十回赦しなさいということです。

ある牧師は、「毎日四百九十回赦しなさい」と言っています。そんなの忘れなさいということです。「復讐はわたしのものである」と聖書は言っています。天地創造なる神さまが、「わたしが復讐をする。あなたは復讐をしてはいけない。忘れなさい。赦しなさい」とおっしゃっているのです。ぜひみなさんも、心の中で赦せない人がいるならば、この話を参考にしていただきたいと思います。

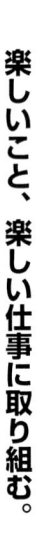

楽しいこと、楽しい仕事に取り組む。

七番目は、「楽しいこと、楽しい仕事に取り組む。」です。
今みなさんがやっていることを嫌々やっていますか、それとも楽しんでいますかという質問です。聖書にはこう書いてあります。

詩篇三十七篇四節
『主をおのれの喜びとせよ。主はあなたの心の願いをかなえてくださる。』

私たちは、何を喜んでこの地上で生きるべきでしょうか。この地上のものに目をくれてはいけません。私たちを愛しているよと言ってくださり、あなたは高価で尊いと言ってくださっている神さまを、イエスさまを、喜びとして生きましょう。まずそれがしっかりすれば、あなたの心に、どうやって生きようという思いを、神さまがくださるということです。

私たち一人ひとりにはタレントが与えられました。ある人には看護師になるタレント、ある人にはお医者さんになるタレント、ある人は弁護士、ある人は物作り、ある人は物売り、ある人は物を直すこと、ある人は子どもの世話、ある人は庭の手入れかもしれません。このように、私たち一人ひとりには、全く違うタレントを神さまが与えてくださいました。なぜでしょう。みんなが牧師になるタレントを与えられていたら、世の中は牧師だらけです。それはおかしいでしょう。また、みんながシンガーに生まれたわけではありません。シンガーは本当に一部の人で、聴く人のほうがどれだけ人数が多いか。でもその人の方が偉いわけではありません。シンガーも物を直す人も、どちらも神さまの目には高価で尊いのです。物を直す人がいてくれなかったら、車が壊れたら大変です。あの人たちは黙々と物を直してくれます。こういう所に上がって話をしてくださいと言ったら、「私はそういうことはできません。物を直すことしかできません」と言うでしょう。ではどちらが偉いので

しょう。比べられないのです。神さまの目にはすべての人が高価で尊いのですから。

みなさん、自分のタレントを知っていますか。お金儲けのために仕事を選ぶから、おかしな世の中になってしまうのです。お金儲けのために嫌な仕事をするから、疲れるのです。面白くないしボスが大嫌いだし、辞めたい。とにかくこんな仕事は嫌、と思ってはいないですか。好きなことをやっていたら楽しいはずです。タレントに合う仕事をしていたら楽しいはずです。タイガー・ウッズも、ミッシェル・ウィーも、子どもの時にゴルフクラブを握った瞬間に、これが自分の生涯の仕事になる！と分かったと言います。何にも教わっていないのに、何かうまくできたことがあるとしたら、それがタレントです。みなさんのタレントは何ですか。これが七番目です。楽しいことをしましょう。神さまは、この地上に命を与え、それぞれに素晴らしいタレントを与えました。そして、それぞれ違う業界で、違う仕事で、違うタレントを使って、そのままで勝負してほしいと思っておられます。

私がなぜホームスクーリングの学長なのかというと、子ども八人が学校に行っていないからです。家で教育をしています。学力も大事ですが、もっと大事なことがあります。それは、それぞれ一人ひとりの子どものタレントを見極めることです。親の仕事は、子どもたちのタレントを見極めてあげることなのです。子どもは八人とも、明らかにタレントが違います。それを見極めてあげて、磨いてあげるのが親の仕事ではないでしょうか。それを磨くための場所が学校であり、本当の教育ではないでしょう

次女のホームスクーリング卒業式

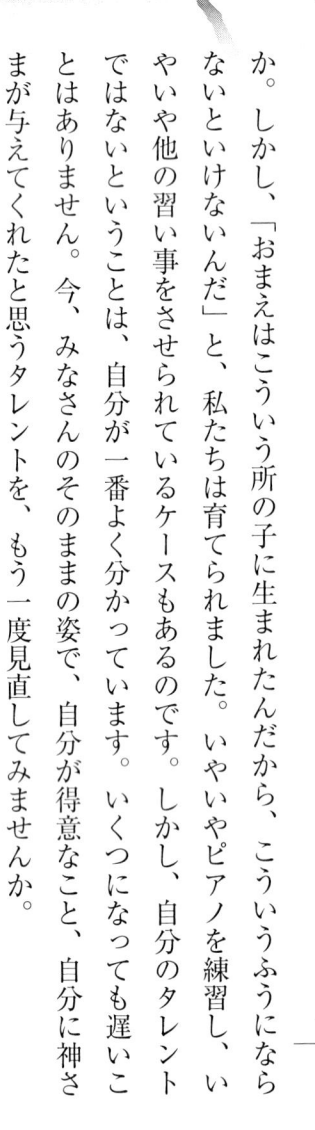

か。しかし、「おまえはこういう所の子に生まれたんだから、こういうふうにならないといけないんだ」と、私たちは育てられました。いやいやピアノを練習し、いやいや他の習い事をさせられているケースもあるのです。しかし、自分のタレントではないということは、自分が一番よく分かっています。いくつになっても遅いことはありません。今、みなさんのそのままの姿で、自分が得意なこと、自分に神さまが与えてくれたと思うタレントを、もう一度見直してみませんか。

自分の価値、求めているものを知る。

八番目は、「自分の価値、求めているものを知る。」です。
聖書のイザヤ書四十三章四節に、
『わたしの目には、あなたは高価で尊い。わたしはあなたを愛している。』
とあります。

これは、「聖書の富士山」と言われる箇所ですが、『神の目には、あなたは高価で尊い』とはどういうことでしょうか。私たち一人ひとりは、二人として同じ者がいません。みんな違う命を得て生まれて来ました。神さまは私たち一人ひとりを見て、失敗作はないとおっしゃっているわけです。みなさんよく聞いてください。ここがしっかりしないから、変な道に行ってしまうのです。神さまが私たち一人ひとりを、失敗なく完璧にデザインして命を与えたとするならば、事業に失敗しようが、テストに落ちようが、結婚生活に失敗しようが、それはみなさんの価値を下げないということです。みなさんの価値は変わらないということです。この世で何があっても、みなさんは神さまの目には高価で尊いのです。「わたしはあなたを愛している」という、この言葉がとっても大切だということです。世界の成功者はこの事をよく理解しています。だから、失敗を恐れずに前進するのです。日本人が教える空元気の世界とは違い、根本的に基礎がしっかりしているのです。「あなたは神の目に高価で尊い。」イエスさまの愛、神さまの愛、創造主なる神さまの偉大さを、まずはしっかりと心に受けていただきたいと思います。

「あなたは価値がある人間だと思いますか？」と質問したら、日本では、何パーセントの人が「はい」と言うと思いますか。実際に統計が出ているのですが、たったの三十パーセントしか「はい」と言う人がいないのです。あと残りの人は、「こんな私でいいのか、こんな俺でいいのか」と思っています。私もそうでした。ところが、アメリカ人に同じ質問をすると、八十五パーセントの人々が「私は価値がある人間だ」と言います。アメリカ人の場合は、ちょっと行きすぎで自信過剰すぎるかもしれません。猫踏んじゃったを弾けるだけでも「私はピアノが弾けます」と言い、「おはようございます」と言えるだけで「私、日本語話せます」と言うのですから。ところが日本では、「誰かピアノ弾ける人いませんか？」と葬儀や何かの緊急事態の際に呼びかけた場合、そこにピアノの先生がいても、「私はピアノなんて……」と言うのです。このような謙遜さは、日本人の美徳であり、日本人の良いところでもあるとは思いますが、その美徳が謙遜ではなく本当になってしまいました。何をするにも自信がないのです。やはりこれは、聖書がベースでないところに理由があると、私は思います。

私たちは、それぞれマスターピースとして生まれてきたと、聖書には書いてあります。マスターピースということは、間違いがない、二人としていない大傑作として、私たちは生まれてきたということです。かっこいいですね。その聖書の話を聞いた時から、私は少しずつ自分の価値が上がってきました。そして、三十五年間海外で暮らした今は、相当価値が上がってきました。やはり聖書をベースにしなかったら、私たちの価値は上がることがありません。以前日本で、「スマップ」という有名なグループの、素晴らしい歌が流行りました。「ナンバーワンにならなくてもいい、もともと特別なオンリーワン」という歌です。感動しました。二時四十五分からの、「心に光を」という私たちの宗教番組がありますが、そこで、「Ｊ-ｐｏｐ

が流れたのは初めてだ！」とアナウンサーが言ったくらい、私はこの曲をたくさんそこで流しました。「ナンバーワンにならなくてもいい、もともと特別なオンリーワン。」どんな所に置かれても、私たちはナンバーワンを目指す必要はありません。私たちはオンリーワン。あなたと同じ者は全くいません。神さまが愛を持って、私たち一人ひとりを造ってくださったことを覚えておきましょう。

みなさんは今、自分は何パーセントの価値がある人間だと思っていますか。三十パーセントの価値がある人間だと思っている方とか、五十パーセント以下の方もいらっしゃるかもしれないけど、今日からは、自分は八十パーセント以上価値がある人間だと思ってほしいのです。いや、思わなければいけません。神さまが私たちに命を与えてくださったのですから。ここに一万円札があります。「この一万円札をみなさんに差し上げますから、今日買い物して帰ってくださいね」と言ったら、もらってくれますよね。では、これを私がぐちゃぐちゃぐちゃぐちゃと丸めてしまいました。

それでももらってくれますか。では、雨降りの日に地面に敷いてしまって、びちょびちょのごわごわのめちゃくちゃになったとしましょう。それでももらってくれますか。もちろん、もらってくれますよね。なぜでしょう。価値は変わらないからです。一万円は一万円なのです。私たちもビジネスで失敗することも、離婚をすることもあるでしょう。友達と喧嘩をすることもあるでしょう。子どもが家出しちゃってどこに行っちゃったか分からないこともあるでしょう。病気になることもあるでしょう。でも私たちの信じる創造主なる神さまから見ると、私たちは高価で尊いのです。価値は絶対に下がらないと神さまは言っています。一パーセントも下がりません。これを信じましょう。これを信じて今日から生きてみたら、きっと楽しくなりますから。

アメリカの学生はよく勉強します。そして、「これからは何の仕事に就くの？」と訊くと、「弁護士になろうかな、ビジネスコンサルタントになろうかな」と言っ

たりします。話している次元が、日本人とは全然違います。そんなことをスパッと答えてしまうのだからすごいです。アメリカの大学で遊んでいるのは、私も含めて日本人だけです。日本の大学が悪いとか良いとか言っているのではありません。誤解しないでください。私が話しているのは、海外と日本では何が違うのだろうか、何が日本では足りないのだろうかということです。日本の良いところはたくさんありますし、決して日本が悪いと言っているのではありません。ただ、アメリカ育ちの若者は、本当に自由に羽ばたいていきます。素晴らしいことだと思います。これからも応援していきたいと思います。

ところで、日本が生み出すもので一番性能の良いものは何だと思いますか。車ではありません、女性ですよ。日本の女性は、世界で一番価値があります。ところがなぜ、日本にいると女性は価値が低いのでしょう。日本人女性と結婚したがるアメリカ人は、本当にとても多いです。今うちの教会では親子クラスというのがありますが、お母さんは全員日本人ですが、お父さんの多くはアメリカ人です。生まれてくるハーフの子どもは、みんなお人形さんみたいな可愛い顔をしています。それくらい、日本人の女性は本当に人気があり価値があるのです。「出る釘は打たれる」という言葉があれば、「出過ぎた釘は打たれない」という言葉もあるのです。それをみなさんも目指そうではありませんか。周りの人から文句を言われたっていいではありませんか。神さまが価値は下がらないと言っているのだから。自分の置かれたところで、出過ぎるくらいに頑張りましょうよ。

日本人は本当に疲れています。疲れているから、何か元気をもらって元気に生活していきたいと思って、この本を手に取られた方もいらっしゃるかもしれません。この本を読んだことで、何か一つでも掴んで、自分のものにしていただけたらありがたいです。どうですか、みなさん。元気がなく疲れてはいませんか。そして、何かいつも人と比べていて、自信がないのではないでしょうか。特に日本人は、本

当に自信がありません。そういう私も日本人です。十八歳でアメリカに行って、日本に戻ることができませんでした。遊びに来たり、葬式がある時には帰って来たりしましたが、結局日本で働くことはなく、三十数年間海外で生活をしてきました。中国にも行きました。そして分かったことは、日本人は本当に自信がなさすぎるということです。あまりにも自信がなさすぎるのです。私も含めて、なぜ日本人は自信がないのかが、アメリカに行って分かりました。私は六年間バスケットボールをやったことがあり、バスケットボールには少し自信があったので、アメリカの大学に行ってバスケット部に入れてもらいました。しかし、五分で辞めました。シュートしたら、手から一メートル半離れてカットされるのです。ボールが自分の上で動いているように感じ、これは日本人のやるスポーツではないなと五分で悟りました。「大変失礼しました。これは私のやるスポーツではありません」と。そして、そこから本当の自分探しが始まったのです。そして、アメリカで生活する中で、本当に鍛えられました。何を鍛えられたかというと、自信を持って生きることを鍛えられ

ました。

そしてクリスチャンになってさらに磨きがかかって、「そうか！　このままでいいんだ！　私のこのままの姿でいいのか！」と気づきました。ニックさんが言った通りです。ないものを数えるのではなくて、あるものを考えましょう。あるものを考えてみましょう。そして、そのあるもので勝負しましょう。ないものはないんだから、仕方ないではありませんか。私はもっと鼻が高く生まれたかったです。でもそうするとある人は、「何言ってんだよ、中林さんは背が高いんだからいいじゃないか」と言います。確かにそうでしょう。背の低い人にしてみれば、「何が他にいるかって何もいらない、私はただ背が欲しい」と言います。でも私にとっては大きな問題です。みなさんにも、自分の嫌いな部分が幾つもあるでしょう。それを誇っても仕方がないし、そこで自信を失っても仕方がありません。神さまが「そのままでいい」とおっしゃるのだから、そこからスタートしてみませんか。ないものを数えればい

くらでも数えられます。でも、あるものを数えませんか。そして今日から新しくスタートしてみたらどうですか。

成幸の方程式

成幸の方程式についてまとめます。一番大切なことは、自分には価値があるということ、そしてタレントがあるということです。これが私たちの礎であり、ファウンデーションです。私たちは神さまの目に尊く、価値があるんだということを信じなくてはいけません。たとえどんなに辛いことがあっても、私の価値は下がらないのです。そして神さまが与えたタレントがあるということです。そのタレントを磨くために学校に行くのです。そのタレントを磨くために大学に行くのです。それが分かったら次です。

人を憎んでいる人を神さまは使うことはできません。人を憎んでいる人には、祝福を与えないとは言わないけど、そのパーセントは減るでしょう。もし恨み辛みがあるとするならば、イエスさまが復讐してくださると言うのだから、それを信じましょう。

そして、ゴール、つまり目標を持つことが大事です。人を赦して目標を作って、どんどん神さまが祝福を与え始めたら、今度はそれを貯め込まないで与えるのです。与えて、与えて、そして、神さまの声に従ってまた生きるのです。最後に、神さまの声に従って、与えられたビジョンや目的を口に出して言いましょう。明確にそれを口に出して言うようにしましょう。

ハノ・ナカ Inc

この八つの項目のすべてが「イエス」になるように、六カ月くらい経ったら、もう一回復習をしましょう。そして一年経ったら、もう一度復習をしましょう。

水が変われば体が変わります。そのように、聖書の神さま、天地の創造主なる神さまに出会って、私は人生が大きく変わりました。みなさんもぜひ教会に通って、私が出会った神さまがどんな神さまかということを、確かめていただきたいと思います。ありがとうございました。

1999年2月
妻の父（元牧師）による
洗礼式

2005年3月
JTJ宣教神学校卒業式
中野先生と

エピローグ

いかがでしたか。私を変えた数々の感動のお話。ラスベガスのカジノのオーナー夫妻の会話。マザー・テレサの日本に関する感想。ビリー・グラハム牧師の天国に関するお話。また、成功者が共通して考えていることを学ぶことが出来ました。

最後に、私のハワイ生まれハワイ育ちの妻タマーに、心より溢れる感謝を伝えたいと思います。命の恩人。頑なな心を溶かしてくれた女性。彼女は、無言の生きざまを通して私を教会へと導き、イエスさまを紹介してくれました。以下は、妻を励まし導いた聖書のことばです。

『同じように、妻たちよ。自分の夫に服従しなさい。たとい、みことばに従わない夫であっても、妻の無言のふるまいによって、神のものとされるようになるためです。それは、あなたがたの、神を恐れかしこむ清い生き方を彼らが見るからです。あなたがたは、髪を編んだり、金の飾りをつけたり、着物を着飾るような外面的なものでなく、むしろ、柔和で穏やかな霊という朽ちることのないものを持つ、心の中の隠れた人がらを飾りにしなさい。これこそ、神の御前に価値あるものです。』（新約聖書ペテロの手紙 第一 3章1〜4節）

「教会は弱いものが行くところだ。お前と子どもたちには必要だから行って来たら良い。俺は家でテレビを見て終わったら迎えに行ってあげるから。」そう言う私に、妻のタマーは忍耐をもって優しく接してくれました。妻を支えたもう一つの聖書のことばです。

『知恵のある女は自分の家を建て、愚かな女は自分の手でこれを壊す。』（新約聖書 箴言 14章1節）

家の主人は旦那です。その旦那を支え正しい方向へ導くために、神さまは助け手

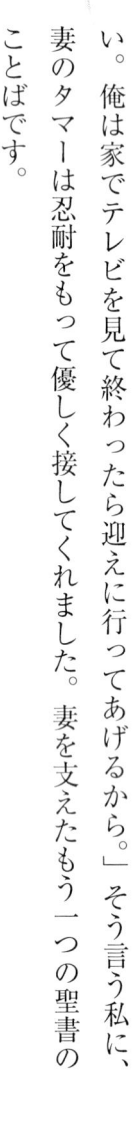

として妻を用意してくださいました。お互いを尊重し合い、違いを認め合って生きるとき、妻によって男はさらに磨きがかかって、世の為、人の為、神さまの為に働くことが出来るのです。

質問のある方は以下までお気軽にメールしてください。

hanonaka@gmail.com　中林義朗

出版に際して多くの方々のお手伝いをいただきました事を、心より感謝申し上げます。特にイーグレープの 穂森宏之社長、編集担当 鳥飼友里恵様、校正担当 栗栖ひろみ様、カバーデザイン担当 Graphic Works 田中佑様、本当にありがとうございました。お疲れ様でした。

ビジネスと聖書一口講座 From ハワイ

YouTube「ビジネスと聖書一口講座 From ハワイ」への招待

「ビジネスと聖書一口講座 From ハワイ」という私の YouTube がありますから、ぜひコンピューターのできる方は、YouTube に行って登録をしてください。私を変えた五分間の話が、ずらずらと出てきます。すごい話や素晴らしい話がいっぱいあります。これからも、頑張ってアップデートしていきます。この本と同時出版の「―ハワイ在住のビジネス牧師が語る― あなたの人生を変える感動の24話」という本で、私の YouTube の中の24の話を紹介しています。

いずれも、たった五分間の話です。人生を変える感動的な話がずらっと出てきますから、ぜひ見ていただいと思います。みなさんのためにも見ていただきたいのですが、それだけではなくて、みなさんの周りでちょっと落ち込んでいる人がいたら、紹介してあげてください。便利な世界になりましたね。世界中どこにいても、このメッセージを送ってあげると励ますことができます。そして、もし気に入ったら他のも見てみたらいいよと言ってくださると感謝です。

これらのYouTubeは、うちの娘が撮影をしてインターネットに出していっています。彼女をはじめ八人の子どもたちのうちの四人までが、うちの会社で給料をもらって社員として働いています。そして八人全員が、みんな違う分野でリーダーをしています。営業、サービス、インターネットなど、それぞれに異なるタレントを用いて、みんなで楽しく仕事をしています。

ビジネスと聖書一口講座 From ハワイ

著者プロフィール

中林義朗（なかばやし・よしろう）

一九六三年静岡県御殿場市生まれ。十歳で母が他界、横浜の伯母の家に預けられる。関東学院六浦高校卒業後、米国ＬＡへ留学。日系商社に入社し、一九八八年にハワイ支店長就任、その後香港へ転勤、三十歳で中国支社長に就任。一九九八年にハワイへ帰国し、二〇〇一年からＪＴＪ宣教神学校牧師志願コースでの学びを始め、レストランで働きながら勉強を続ける。二〇一〇年に四十七歳で International Japanese Christian Church のビジネス牧師に就任する。二〇〇八年にハノ・ナカ Inc 設立、二〇一一年ショールームを開設。現在五十六歳で百パーセント牧師、百パーセントホームスクーリング校長、百パーセント経営者。百パーセント国際結婚の夫、百パーセント八人の子どもたちの父。

どうして？　私の人生問題だらけ
ハワイ在住のビジネス牧師が語る

2019 年 3 月 1 日　初版発行
2019 年 4 月 10 日　第 2 刷発行

著　者　中林義朗
発行者　穂森宏之
発　行　イーグレープ
〒 277-0921 千葉県柏市大津ヶ丘 4-5-27-305
TEL:04-7170-1601　FAX:04-7170-1602
E-mail:p@e-grape.co.jp
ホームページ　http://www.e-grape.co.jp
写真提供　TMJ Photography
Roy Nuesca
乱丁・落丁本はお取り替えいたします

ISBN 978-4-909170-09-5 C0016